Felicitas Heyne

Glücksfitness

Das Buch

Manche Menschen sind glücklicher als andere, weil sie ihre Stärken und Fähigkeiten kennen und diese optimal in Beruf und Privatleben nutzen. Aus diesem Grund hat die Diplom-Psychologin Felicitas Heyne einen individuellen Glückscoach erstellt. Mithilfe ihres millionenfach bewährten Persönlichkeitstests können Sie sich einem vom 16 verschiedenen Glückstypen zuordnen. Sie erfahren, was gerade Ihren Persönlichkeitstyp auszeichnet, lernen Ihre Stärken und Schwächen kennen und gehen anschließend mit der Autorin ins „Trainingslager": Praktische Tipps und Übungen, speziell auf den jeweiligen Typus zugeschnitten, helfen Ihnen, Ihr zu Glück zu trainieren und so mehr Lebensfreude in den Alltag zu bringen.

Die Autorin

Felicitas Heyne ist Diplom-Psychologin und arbeitet als systemische Einzel-, Paar- und Familientherapeutin in freier Praxis. Daneben veröffentlicht sie psychologische Ratgeber, schreibt regelmäßig als Expertin für zahlreiche Zeitschriften und hält Seminare zu psychologischen Themen. Gemeinsam mit ihrem Mann hat sie das iPersonic Persönlichkeitssystem entwickelt (*www.ipersonic.de*) und die Initiative „Glücksfitness für Deutschland" (*www.glücksfitness.de*) ins Leben gerufen.

Felicitas Heyne

Glücksfitness

Das individuelle Training für mehr Lebensfreude

HERDER

FREIBURG · BASEL · WIEN

Herder spektrum – Band 6355

MIX
Papier aus verantwortungsvollen Quellen
FSC® C106847

www.herder.de

Umschlagkonzeption: R·M·E Roland Eschlbeck
Umschlaggestaltung: Verlag Herder
Umschlags- und Inhaltsillustrationen: © Andreas Zollinger, Zürich
Foto der Autorin: © DK Fotokunst, Herxheim

Herstellung: fgb · freiburger graphische betriebe
www.fgb.de

Printed in Germany

ISBN 978-3-451-06355-8

Inhaltsverzeichnis

Einleitung

Was ist Glück? Wie kann ich glücklich(er) leben? Wenige Fragen der Menschheitsgeschichte wurden und werden häufiger und von so vielen unterschiedlichen Seiten beleuchtet, diskutiert und beantwortet als diese. Philosophen, Dichter, Mediziner, Neurowissenschaftler, Ökonomen – sie alle entwickeln und verbreiten Glückstipps, teilweise schon seit der Antike.

Meine eigene Disziplin, die Psychologie, befasst sich erstaunlicherweise erst seit kurzem mit diesem Thema. Ende der 1990er-Jahre etablierte sich eine neue Forschungsrichtung, die sogenannte Positive Psychologie. Diese ist nicht an der Entstehung psychischer Krankheiten interessiert, sondern daran, wie seelische Gesundheit beschaffen ist. Woran liegt es beispielsweise, dass manche Menschen trotz objektiv schwieriger Lebensbedingungen glücklich sind, während andere sich trotz günstiger Lebensumstände unzufrieden fühlen? Eine wichtige Erkenntnis dieses relativ jungen Forschungszweigs zum Thema Glück lautet: Glücklich sind vor allem die Menschen, die ihre Stärken und Fähigkeiten kennen und diese in Beruf und Privatleben optimal zu nutzen wissen. Dass es sich bei Stärken und Fähigkeiten allerdings um eine sehr individuelle Angelegenheit handelt, ist Ihnen spätestens seit dem Kindergarten klar: Lieschen Müller von nebenan konnte zwar nicht so schnell rennen wie Sie, war dafür aber viel geschickter im Ausmalen der Bilderbücher. Wenn Sie daher wissen möchten, wie Sie Ihren Glücksquotienten im Alltag erhöhen können, helfen Ihnen allgemein gehaltene Glücksratgeber nur bedingt weiter. Denn diese werden nach dem Gießkannenprinzip für jedermann geschrieben; das heißt, sie erklären Ihnen lediglich, was dem Durchschnittsmenschen in der Regel zu einem glücklicheren Leben verhilft. Sie können nicht auf Ihre individuellen Veranlagungen und Ihren Charakter eingehen, denn dazu müsste der Autor Sie und Ihre ganz individuellen Eigenschaften erst kennenlernen.

Und genau das ist das Problem dieser allgemeinen Ratgeber: Was für Lieschen Müller eine wirksame Glücksstrategie ist, muss für Sie selbst keineswegs zielführend sein. Forschungsergebnisse belegen beispielsweise, dass Sozialkontakte für das Wohlbefinden der meisten Menschen sehr wichtig sind. Dennoch haben Sie sicherlich Bekannte, die dann am glücklichsten sind, wenn sie eher zurückgezogen leben und viel Zeit der Kontemplation oder dem Lernen widmen können. Diesen Menschen nun zu raten, sie mögen unbedingt vor allem ihr soziales Netzwerk ausbauen und bitte häufiger auf Partys gehen, wäre falsch. Introvertierte Menschen brauchen eine ganz andere Glücksstrategie als extrovertierte. Und dabei sind Intro- oder Extraversion nur zwei der Variablen, die Ihren Charakter bestimmen und damit Einfluss darauf nehmen, was Sie glücklich macht.

Ob Sie mit oder gegen Ihren Charakter versuchen, glücklicher zu sein, wird sich auch schnell daran zeigen, ob es Ihnen gelingt, die dazu nötigen Veränderungen in Ihrem Leben dauerhaft umzusetzen. Ein einfaches Beispiel: 1999 hat eine amerikanische Studie an depressiven Patienten erwiesen, dass regelmäßige sportliche Betätigung ausgezeichnet gegen negative Stimmungen wirkt. Entsprechend findet sich in allen Glücksratgebern die Aufforderung: «Treiben Sie Sport!» Warum gelingt es nach der Lektüre trotzdem nur wenigen Menschen, die glücksfördernde Wirkung von regelmäßiger körperlicher Aktivität nachhaltig in ihren Alltag zu integrieren? Ganz einfach: Sie kennen ihre persönlichen Eigenschaften nicht genau genug und treiben daher *gegen* und nicht *mit* ihrer Persönlichkeit Sport. Damit ist ihr Scheitern über kurz oder lang vorprogrammiert. Gleiches gilt für viele weitere allgemeine Erkenntnisse der Glücksforschung.

Die in diesem Buch vorgestellte Methode setzt deshalb an der wichtigsten Glücksvariablen überhaupt an: Ihrem Charakter! Mithilfe des mittlerweile millionenfach bewährten Glücksfitness-Tests können Sie sich einem von 16 verschiedenen Persönlichkeitstypen zuordnen. Sie erfahren, was gerade Ihren Persönlichkeitstyp auszeichnet, und lernen Ihre wichtigsten Charakteristika, Stärken und Schwächen kennen. Auf diese Weise erhalten Sie Ihr ganz individuelles Glücksrezept, das wesentliche Erkenntnisse der aktuellen Glücksforschung auf Ihren Persönlichkeitstyp abstimmt. Schließlich wollen Sie am Ende dieses Buches nicht wissen, was Lieschen Müller und Otto Normalverbraucher glücklich macht, sondern wie Sie selbst mehr Glück in Ihr Leben bringen können. Dieser Ratgeber zeigt Ihnen Ihren ganz persönlichen Weg zum Glück und hilft Ihnen, die Tippss dauerhaft umzusetzen.

Ich wünsche Ihnen viel Spaß usnd jede Menge Aha-Erlebnisse auf der spannenden Reise zu Ihnen selbst, Ihrem Persönlichkeitstyp und Ihrem neuen, noch glücklicheren Leben!

Die Bausteine unserer Persönlichkeit

Eine in der Psychologie und Pädagogik seit Ende des 19. Jahrhunderts heiß umstrittene Frage lautet: Kommen wir mit einem eigenen, angeborenen Charakter auf die Welt? Oder ist ein Neugeborenes ein unbeschriebenes Blatt, in dem erst Umwelteinflüsse wie Erziehung, Erfahrung und Lerngeschichte nach und nach eine Persönlichkeit entstehen lassen? Heute gilt als gesichert, dass beide Faktoren unser individuelles Wesen in einer Art Wechselspiel bestimmen: Lern- und Umwelterfahrungen treffen auf bereits im Kind angelegte, angeborene Dispositionen und formen in Interaktion mit diesen unsere Persönlichkeit. So belegt beispielsweise die Forschung, dass schon Neugeborene in den ersten Lebenstagen ganz unterschiedlich auf neue, unbekannte Reize reagieren. Manche Babys zeigen sich dabei von Anfang an unsicher und ängstlich, andere dagegen bleiben entspannt und lassen sich kaum irritieren. Offensichtlich ist eine gewisse Disposition in Sachen Ängstlichkeit also angeboren.

Je nachdem, welche Veranlagung nun auf welche Umwelt- und Lernerfahrungen trifft, formt sich nach und nach die Persönlichkeit. Gehen wir zum Beispiel von einem Kind aus, das von Geburt an eher neugierig und an der Erkundung seiner Umwelt interessiert ist. Fördern die Eltern diese Neigung angemessen, wird das Kind seine Offenheit und sein gesundes Selbstbewusstsein wahrscheinlich auch ein Leben lang beibehalten und zu einer aufgeschlossenen, vielleicht sogar abenteuerlustigen Persönlichkeit heranreifen. Stellen wir uns nun vor, das gleiche Kind hätte stattdessen sehr ängstliche, überbehütende Eltern. Aus Sorge, ihr Kind könnte sich verletzen, würden sie seinen Forscherdrang ständig bremsen und es auf mögliche Gefahren hinweisen. In diesem Fall wird das

Kind es viel schwerer haben, Vertrauen in seine Umwelt und die eigenen Fähigkeiten aufzubauen und sich deshalb sicher zu einem ganz anderen, eher vorsichtigeren Menschen entwickeln.

In diesem Buch werden Sie mehr über den Teil Ihrer Persönlichkeit erfahren, mit dem Sie auf die Welt gekommen sind: Ihr angeborenes Temperament. Betrachten Sie dieses bitte als eine Art Grundausstattung, die Ihnen mitgegeben wurde und sich im Laufe Ihres Lebens nicht wesentlich verändert. Ihr Temperament sorgt dafür, dass Sie bestimmte Persönlichkeitsmerkmale aufweisen. So entscheidet es beispielsweise darüber, ob Sie grundsätzlich eher impulsiv oder eher vorsichtig agieren, ob Sie ein geselliger Mensch sind oder sich vorzugsweise allein beschäftigen. Es bestimmt damit ganz wesentlich mit, was Sie gern tun und was Sie nicht mögen, was Ihnen im Leben wichtig ist und was unwichtig, was Ihnen leicht von der Hand geht und was für Sie Quälerei bedeutet. Und damit eben auch, was Sie glücklich macht – und was nicht. Um Ihr Temperament genauer zu bestimmen, benutzen wir in diesem Buch den schon erwähnten Glücksfitness-Test. Bevor Sie sich ihm widmen, vorab ein paar Worte zu dessen psychologischem Hintergrund und der Art, wie Sie mit seinen Ergebnissen umgehen sollten.

Die Wurzeln der Typenlehre, die dem Glücksfitness-Test zugrunde liegt, reichen bis ins Jahr 1921 zurück, als der Tiefenpsychologe Carl Gustav Jung sein Buch «Psychologische Typen» veröffentlichte. Darin postulierte er acht Persönlichkeitstypen, die sich jeweils durch bestimmte Charaktereigenschaften auszeichnen. Sein Modell wurde in den 1950er-Jahren etwas erweitert, sodass sich schließlich 16 Persönlichkeitstypen ergaben. Diese sind, wie viele Untersuchungen mittlerweile belegt haben, differenziert genug, um eine Einordnung jedes Menschen in eine dieser 16 Kategorien zu ermöglichen.

Vielleicht schütteln Sie jetzt gerade den Kopf und zweifeln daran, dass 16 psychologische Schubladen genug sein sollen, um sämtliche Menschen auf der Welt hinsichtlich ihrer Eigenschaften, Vorlieben und Fähigkeiten zu klassifizieren und erschöpfend zu charakterisieren.

Und damit haben Sie vollkommen Recht! Denn selbstverständlich ist die Bandbreite menschlicher Individualität, die aus dem schon beschriebenen Wechselspiel von Anlage und Umwelt entsteht, dafür viel zu groß. Jeder von uns ist ein einzigartiges, unwiederholbares Ergebnis dieses Wechselspiels aus Genen, Erfahrungen, Lebensumständen und weiteren Faktoren. Kein Test der Welt, wie gut und umfassend er auch sein mag, wird jemals die ganze Komplexität Ihrer Persönlichkeit in all ihren Facetten erfassen können. Nichtsdestotrotz weisen Menschen des gleichen Persönlichkeitstyps überraschend viele Gemeinsamkeiten auf. Aus psychologischer Sicht in jedem Fall ausreichend viele, um daraus ein ziemlich passgenaues Coaching in Sachen Glück und Lebenszufriedenheit abzuleiten. Ein Rest an nicht erfassbarer Individualität aber bleibt natürlich übrig – ein sehr beruhigender Gedanke, finden Sie nicht? Denn wer von uns möchte schon (nur) in einer Schublade Platz finden?

Welches sind nun aber die Bausteine, die der Typologie zugrunde liegen? Es handelt sich um vier psychologische Dimensionen, die ich Ihnen im Folgenden kurz vorstelle.

Die Energiedimension: extrovertiert oder introvertiert?

Diese Dimension sagt etwas darüber aus, ob Sie ein Mensch sind, der eher nach außen oder eher nach innen orientiert ist. *Extrovertierte* beziehen ihre Energie vor allem von außen: Sie lieben es, mit anderen Menschen zusammen zu sein, sind kontaktfreudig, reden viel und stehen gern im Mittelpunkt der Aufmerksamkeit. Aus ihrem Herzen eine Mördergrube zu machen, fällt ihnen nicht ein – sie erzählen frei von der Leber weg, was sie gerade denken. Ihr Freundeskreis ist groß und sie sprühen vor Unternehmungslust.

Introvertierte dagegen laden ihre Batterien besser auf, wenn sie Zeit für sich allein haben. Sie sind die berühmten «stillen Wasser». Es ist oft nicht einfach, sie näher kennenzulernen, denn sie lassen nur wenige Menschen wirklich an sich heran. Meist sind sie bessere Zuhörer als Redner und denken lange nach, bevor sie sich in einer Sache zu Wort melden. Allzu viel Gesellschaft ermüdet sie, weshalb sie wenige handverlesene Freunde bevorzugen.

Die Wahrnehmungsdimension: praktisch oder theoretisch?

Diese Dimension kategorisiert Persönlichkeitstypen danach, in welcher Art und Weise sie ihre Umwelt wahrnehmen. *Praktische Typen* werden gern als Sinneswahrnehmer bezeichnet, da bei ihnen die Wahrnehmung über ihre fünf Sinne besonders stark ausgeprägt ist. Sie konzentrieren sich vor allem auf das

Hier und Jetzt; ihnen entgeht kein Detail einer Situation. Bodenständig und tatkräftig beschäftigen sie sich am liebsten mit dem Konkreten, dem Vorhandenen, mit dem, was *ist*.

Theoretische Typen dagegen ziehen es vor, sich mit dem zu befassen, was *sein könnte*. Sie fokussieren sich lieber auf künftige Möglichkeiten und nicht auf das bereits Existierende. Theoretiker sind die typischen Ideengeber, die sich von ihrer Intuition und Fantasie leiten lassen und überall tiefere Bedeutungen und Zusammenhänge suchen. Sie konzentrieren sich in ihrer Wahrnehmung deshalb stärker auf das große Ganze als auf Einzelheiten.

Die Entscheidungsdimension: logisch oder fühlend?

Diese Dimension verrät uns etwas darüber, wie der jeweilige Persönlichkeitstyp seine Schlüsse aus seinen Wahrnehmungen zieht und seine Entscheidungen trifft. *Logische Typen* lassen sich dabei vor allem von ihrem Verstand leiten. Sie sind ausgesprochene Kopfmenschen. Kühl, objektiv und sachlich analysieren sie die Fakten, wägen ab und tun dann das in dieser Situation Logische. Ob sie dabei für sich oder andere unbequem werden, kümmert sie wenig. Gelegentlich wirken sie deshalb auf andere Menschen etwas überkritisch, distanziert oder unsensibel. Sie sind unschlagbar, wenn es um Problemlösung und sachorientiertes Entscheiden geht.

Fühlende Persönlichkeitstypen dagegen sind viel stärker auf die Gefühle anderer bedacht. Deshalb wägen sie bei jeder zu treffenden Entscheidung sorgfältig deren Auswirkungen auf ihre Mitmenschen ab. Zwischenmenschliche Harmonie ist ihnen sehr wichtig und sie können sich ausgezeichnet in andere hineinversetzen. Das macht sie einerseits zu Meistern der Diplomatie – sorgt aber andererseits mitunter dafür, dass sie übermäßig emotional oder irrational wirken, wenn sie ihrem Bauch bei Entscheidungen mehr Gewicht beimessen als ihrem Kopf.

Die Handlungsdimension: spontan oder planend?

Diese Dimension charakterisiert die Art, wie die Persönlichkeitstypen an die Dinge des Lebens herangehen. *Spontane Typen* sind am glücklichsten, wenn sie in ihrem Leben möglichst viele Freiheiten haben. Struktur empfinden sie als einengend und lästig. Sie tun sich schwer damit, Entscheidungen zu treffen und sich auf eine Möglichkeit festzulegen. Lieber halten sie sich alle Optionen bis zum letzten Moment offen. Weder Pünktlichkeit noch Ordnung sind ihre Stärken und Routineaufgaben ermüden sie schnell. Dafür sind sie ungemein flexibel und können sehr anpassungsfähig auf Unvorhergesehenes reagieren.

Planende Typen dagegen hassen es, wenn ihre sorgfältige Organisation kurzfristig über den Haufen geworfen wird. Spontane Entwicklungen sind ihnen ein Graus. Sie ziehen ein Maximum an Kontrolle über die Dinge vor, empfinden Struktur als angenehme Orientierungshilfe und sind sehr ordentliche, zuverlässige Naturen. Entscheidungen treffen sie so rasch wie möglich, denn Ungewissheit ist ihnen weitaus unangenehmer als Gewissheit.

Nun haben Sie eine Vorstellung von den vier psychologischen Dimensionen, die der in diesem Buch genutzten Typologie zugrunde liegen. Alle acht möglichen Ausprägungen der vier Dimensionen miteinander kombiniert, ergeben die 16 bereits erwähnten Persönlichkeitstypen.

Wahrscheinlich ist Ihnen beim Lesen der Beschreibungen der ein oder andere Mensch aus Ihrem Bekanntenkreis eingefallen, der gut als Prototyp der jeweiligen Dimension geeignet wäre. Fast jeder kennt zum Beispiel einen Ordnungsfanatiker oder einen Chaostyp, eine Quasselstrippe oder einen großen Schweiger, ein Sensibelchen oder einen kühlen Kopfmenschen. Wenn eine Zuordnung zu einer Dimension auf den ersten Blick möglich ist, dann bedeutet das wahrscheinlich, dass diese Dimension in diesem Menschen besonders stark ausgeprägt ist. Es bedeutet aber *nicht,* dass die andere Dimension nicht in ihm vorhanden wäre! Sie müssen sich die jeweiligen Gegensatzpaare der vier Dimensionen als die beiden Extrempunkte eines Kontinuums vorstellen, auf dem die Persönlichkeit angesiedelt ist. Jemand, der extrovertiert ist, hat natürlich auch Zeiten, in denen er sich lieber zurückzieht. Und jemand, der theoretisch orientiert ist, ist trotzdem in der Lage, einen Nagel gerade in die Wand zu schlagen.

Wenn Sie für sich in diesem Buch später eine Einordnung auf der einen oder anderen Seite vornehmen, bedeutet das deshalb lediglich, dass Sie eine *Präferenz* für diese Seite in sich tragen. Das lässt sich in etwa mit Ihrer Präferenz in Sachen Händigkeit vergleichen: Wenn Sie Rechtshänder sind, benutzen Sie im Alltag sehr wohl auch Ihre linke Hand. Sollten Sie sich Ihre rechte Hand irgendwann brechen, dann können Sie all das, was Sie bisher nur mit der rechten Hand erledigt haben, auch mit der linken erlernen. Die rechte Hand ist lediglich Ihre von Natur aus dominantere Hand. Und genauso gibt es bei den Persönlichkeitstypen Menschen, die sich selbst sehr eindeutig einem Typus zuordnen können. Andere hingegen haben das Gefühl, zwar einen dominierenden Typus in sich zu tragen, erkennen in sich aber vielleicht noch einen zweiten, etwas schwächer ausgeprägten. Das ist alles andere als ungewöhnlich. Sollten Sie beim Weiterlesen den Eindruck gewinnen, dass sich in Ihnen zwei Typen vermischen, dann bedeutet das nicht, dass Sie an einer Persönlichkeitsspaltung leiden, sondern nur, dass eine Präferenz bei Ihnen weniger deutlich dominiert.

Bestimmen Sie im folgenden Kapitel Ihren Persönlichkeitstyp. Dieser wiederum gehört zu einer von *vier Temperamentsgruppen*: die *Denker*, die *Idealisten*, die *Macher* und die *Realisten*. Jeder dieser Gruppen ist ein eigenes Kapitel gewidmet, in dem Sie zunächst Grundlegendes darüber finden, was Menschen dieses Temperaments auszeichnet und von anderen unterscheidet und worauf diese Menschen in verschiedenen Lebensbereichen besonders achten sollten, um glücklich zu sein. Im Anschluss daran werden die vier Typen dieses Temperaments detailliert beschrieben und Sie erhalten noch spezifischere Informationen und Glückstipps *nur für Ihren Persönlichkeitstyp*.

Sie können daher, sobald Sie Ihren Typ bestimmt haben, direkt zum Kapitel Ihrer Temperamentsgruppe weiterblättern. Wenn Sie sich zudem für andere Persönlichkeitstypen als Ihren eigenen interessieren, können Sie das Buch selbstverständlich auch ganz klassisch von der ersten bis zur letzten Seite durchlesen. Sollten Sie das eben beschriebene Gefühl haben, ein Mischtyp aus zwei oder gar drei Persönlichkeitstypen zu sein, dann lesen Sie natürlich in jedem Fall beide Kapitel beziehungsweise die drei betreffenden und entscheiden selbst, an welcher Stelle welche Glücksstrategien für Sie wichtiger sind.

Alles klar? Dann kann's ja jetzt losgehen!

Der Glücksfitness-Test: Bestimmen Sie Ihren Persönlichkeitstyp!

Nachfolgend finden Sie vier zweispaltige Tabellen. Darin sind jeweils zehn gegensätzliche Aussagenpaare einander gegenübergestellt. Bitte entscheiden Sie bei jedem Paar, ob Sie sich von der Aussage in der linken *oder* in der rechten Tabellenspalte *eher zutreffend* beschrieben fühlen, und kreuzen Sie diese an. Lassen Sie dabei kein Aussagenpaar aus. Zählen Sie anschließend zusammen, wie oft Sie in der Tabelle Aussagen in der linken und wie oft in der rechten Spalte angekreuzt haben. Den Buchstaben der Tabellenspalte mit dem höheren Wert tragen Sie dann bitte an entsprechender Stelle in der Übersichtstabelle auf Seite 29 ein. Sollten Sie in einer Tabelle in beiden Spalten gleich hohe Werte erzielt haben, sind Sie sehr wahrscheinlich ein Mischtyp. Notieren Sie in diesem Fall, wie bereits erklärt, beide Buchstaben und lesen Sie sich die Informationen zu beiden zugehörigen Persönlichkeitstypen durch.

Tabelle 1: Die Energiedimension: extrovertiert oder introvertiert?

Diese Beschreibung trifft eher auf mich zu:	Diese Beschreibung trifft eher auf mich zu:
☐ Ich habe oft gerne viele Menschen um mich.	☐ Ich brauche viel Zeit für mich allein.
☐ Ich lasse mich leicht ablenken.	☐ Ich kann mich gut konzentrieren.

Diese Beschreibung trifft eher auf mich zu:	Diese Beschreibung trifft eher auf mich zu:
☐ Es fällt mir leicht, auf andere Menschen zuzugehen und neue Kontakte zu knüpfen.	☐ Ich bin eher zurückhaltend und gehe an neue Beziehungen vorsichtig heran.
☐ Ich treffe Entscheidungen häufig impulsiv.	☐ Ich überlege intensiv, bevor ich handle.
☐ Am liebsten bin ich im Zentrum des Geschehens; ich habe viele Freunde und liebe Gesellschaft.	☐ Große Partys sind nichts für mich; ich ziehe einen ruhigen Abend mit wenigen guten Freunden vor.
☐ Meine Freizeit gestalte ich gerne gemeinsam mit anderen.	☐ Ich verbringe meine Freizeit gerne allein und hänge meinen Tagträumen nach.
☐ Ich lasse andere selten im Zweifel darüber, was in mir vorgeht.	☐ Die wenigsten wissen, was ich wirklich denke.
☐ Meine Gefühle sind wie ich – lebhaft und spontan.	☐ Mich bringt so leicht nichts aus der Ruhe.
☐ Ein Cluburlaub oder eine Gruppenreise mit guten Freunden ist genau das Richtige für mich.	☐ Mein Traumurlaub ist ein Solo-Trip; vielleicht auf eine einsame Insel oder zum Trekking in die Berge.

Diese Beschreibung trifft eher auf mich zu:	Diese Beschreibung trifft eher auf mich zu:
☐ Probleme bespreche ich am liebsten mit anderen.	☐ Wenn mich etwas bedrückt, mache ich das lieber mit mir alleine aus.
Summe: **Mein Ergebnis: E**	**Summe:** **Mein Ergebnis: I**

Tabelle 2: Die Wahrnehmungsdimension: praktisch oder theoretisch?

Diese Beschreibung trifft eher auf mich zu:	Diese Beschreibung trifft eher auf mich zu:
☐ Ich lasse mich bei meinen Entscheidungen meist von meinen fünf Sinnen leiten.	☐ Ich vertraue bei meinen Entscheidungen meist auf meine Intuition.
☐ Ich überlasse Dinge ungern dem Zufall.	☐ Ich mag es nicht, wenn alles genau vorhersehbar ist.
☐ Mein Motto ist: Probieren geht über studieren.	☐ Ich denke über Probleme erst intensiv nach, um Lösungen zu finden.
☐ Ich arbeite lieber praktisch.	☐ Ich arbeite lieber theoretisch.

Diese Beschreibung trifft eher auf mich zu:	Diese Beschreibung trifft eher auf mich zu:
☐ Ich teile persönlichen Raum und Zeit meist problemlos mit anderen.	☐ Ich brauche meinen eigenen persönlichen Raum und viel Zeit für mich allein.
☐ Wenn ich an einer Sache dran bin, bleibe ich dran, bis alles genau nach meinen Vorstellungen ist.	☐ Ich genieße es, immer wieder Neues anzufangen – alte Projekte langweilen mich schnell.
☐ Ich beschäftige mich gerne mit handfesten Problemen und Fragestellungen des Alltags.	☐ Man könnte fast sagen, dass ich eine philosophische Ader habe.
☐ Geduld und Sorgfalt gehören bei der Arbeit zu meinen Stärken.	☐ Ich arbeite lieber Pi mal Daumen – in der Regel ist das Resultat trotzdem okay.
☐ Im Großen und Ganzen bin ich mit meinem Leben zufrieden.	☐ Ich bin ständig auf der Suche nach neuen Ideen und Verbesserungsmöglichkeiten.
☐ Ich lebe vor allem im Hier und Jetzt.	☐ Ich mache mir viele Gedanken um die Zukunft.
Summe: **Mein Ergebnis: P**	**Summe:** **Mein Ergebnis: T**

Tabelle 3: Die Entscheidungsdimension: logisch oder fühlend?

Diese Beschreibung trifft eher auf mich zu:	Diese Beschreibung trifft eher auf mich zu:
☐ Meine Entscheidungen gründen sich meistens auf logischen Überlegungen.	☐ Ich entscheide meist nach meinem Gefühl.
☐ In meinem Job sind vor allem analytisches Denken und vernünftiges Handeln gefragt.	☐ Ich arbeite gerne mit Menschen und kann mich gut in sie einfühlen und auf sie eingehen.
☐ Ich sage meistens ehrlich meine Meinung.	☐ Ich versuche, andere mit meinen Worten nicht zu verletzen.
☐ Manche halten mich für zu streng, weil ich ihnen Fehler nicht durchgehen lasse.	☐ Ich konzentriere mich eher auf die positiven Seiten von Menschen und finde Schwächen nicht so schlimm.
☐ In meinem Bekanntenkreis bekomme ich nicht immer alle neuesten Entwicklungen mit.	☐ Mich rufen alle Leute immer als erste(n) an, wenn es etwas Neues zu erzählen gibt.

Diese Beschreibung trifft eher auf mich zu:	Diese Beschreibung trifft eher auf mich zu:
☐ Ich kann gut damit umgehen, wenn mich jemand kritisiert oder vielleicht nicht so mag.	☐ Ich bin ziemlich empfindsam und fühle mich schnell verletzt oder gekränkt.
☐ Zwischentöne sind nicht so mein Ding; die Leute sollen lieber direkt sagen, was sie wollen.	☐ Ich habe ein feines Ohr für Dinge, die zwischen den Zeilen gesagt werden.
☐ Ich liebe es, zu diskutieren und auch mal für eine Sache zu streiten.	☐ Ich versuche, Auseinandersetzungen zu vermeiden, weil mir Harmonie sehr wichtig ist.
☐ Ich lasse mich vor allem von meinem Verstand leiten.	☐ Ich höre auf meine Gefühle.
☐ Emotionale Ausbrüche schätze ich weder an mir noch an anderen.	☐ Gefühle sind wichtig und sollten, wo möglich, gezeigt werden.
Summe: **Mein Ergebnis: L**	**Summe:** **Mein Ergebnis: F**

Tabelle 4: Die Handlungsdimension: spontan oder planend?

Diese Beschreibung trifft eher auf mich zu:	**Diese Beschreibung trifft eher auf mich zu:**
☐ Ich lasse gerne alles auf mich zukommen.	☐ Ich plane am liebsten alles im Voraus.
☐ Es ist kein Problem für mich, mehrere Sachen gleichzeitig zu machen.	☐ «Eins nach dem anderen!» ist mein Wahlspruch.
☐ Termine einzuhalten, fällt mir schwer; ich bin öfter mal unpünktlich.	☐ Ich bin pünktlich und zuverlässig – die Unpünktlichkeit anderer stört mich.
☐ Ich arbeite, um zu leben, nicht umgekehrt.	☐ Erst die Arbeit, dann das Vergnügen.
☐ «Das Genie beherrscht das Chaos!» ist meine Devise.	☐ Mir ist es lieber, wenn alles an seinem Platz ist.
☐ Ich tue mich mit Entscheidungen oft schwer, weil ich mir gern alle Möglichkeiten offenhalte.	☐ Ich treffe meist schnelle und klare Entscheidungen und erwarte das auch von anderen.
☐ Ich finde, Spontanität und Flexibilität sind wichtiger als Regeln und Vorschriften.	☐ Ich brauche Ordnung und Struktur und es nervt mich, wenn Leute sich nicht an Verabredungen halten.

☐ Es kommt öfter vor, dass ich Sachen erst in letzter Minute erledigt bekomme.	☐ Meine Arbeiten plane ich sorgfältig, damit ich am Schluss nicht in Hektik verfalle.
☐ Keine Ahnung, was am nächsten Wochenende so los sein wird – es ergibt sich bestimmt noch was.	☐ Ich weiß schon, was ich nächstes Wochenende alles unternehmen will.
☐ Ich leide unter schlimmer Aufschieberitis – vor allem, wenn es um Unangenehmes geht.	☐ Meistens erledige ich das, was mir keinen Spaß macht, als erstes, damit ich es hinter mir habe.
Summe: **Mein Ergebnis: S**	**Summe:** **Mein Ergebnis: G**

Tragen Sie nun die von Ihnen ermittelten Buchstaben bitte in die nachfolgende Übersichtstabelle ein – und schon kennen Sie Ihren Persönlichkeitstyp!

Übersichtstabelle:

Tabelle 1	Tabelle 2	Tabelle 3	Tabelle 4

Glückwunsch! Sie sind ein ...

ETLG:	Ehrgeiziger Denker	**EPFS:**	Lässiger Macher
ETLS:	Innovativer Denker	**EPLS:**	Energischer Macher
ITLG:	Unabhängiger Denker	**IPFS:**	Sensibler Macher
ITLS:	Analytischer Denker	**IPLS:**	Individualistischer Macher
ETFG:	Engagierter Idealist	**EPFG:**	Fürsorglicher Realist
ETFS:	Spontaner Idealist	**EPLG:**	Zielstrebiger Realist
ITFG:	Harmoniebedürftiger Idealist	**IPFG:**	Gutmütiger Realist
ITFS:	Verträumter Idealist	**IPLG:**	Verlässlicher Realist

An dieser Stelle eine kurze Erläuterung zu den 16 Persönlichkeitstypen und ihrer Zuordnung zu vier Gruppen. Die zugrunde liegende Struktur geht auf die bereits erwähnte Typologie von Jung zurück und folgt einem einfachen Prinzip: Vier Typen, die *zwei Präferenzen* der vier Persönlichkeitsdimensionen miteinander gemeinsam haben, bilden jeweils eine Typengruppe. Die folgende Tabelle zeigt Ihnen diese Gemeinsamkeiten auf einen Blick:

Typengruppe	Energiedimension	Wahrnehmungsdimension	Entscheidungsdimension	Handlungsdimension
Denker		theoretisch	logisch	
Idealisten		theoretisch	fühlend	

Typen-gruppe	Energie-dimension	Wahrneh-mungs-dimension	Entschei-dungs-dimension	Hand-lungs-dimension
Macher		praktisch		spontan
Realisten		praktisch		planend

Die Gemeinsamkeiten in zwei Präferenzen sorgen dafür, dass sich alle vier Typen einer Gruppe in gewissen Aspekten ihrer Persönlichkeit ähneln. Die Leerfelder der Tabelle zeigen an, in welchen Präferenzen sich die Mitglieder dagegen jeweils voneinander unterscheiden.

Der Glücksfitness-Test und die zugehörige Typologie wurden in der vorliegenden Form 2005 von mir entwickelt und unter dem Namen iPersonic-System im Internet veröffentlicht. Mittlerweile sind sie weltweit verbreitet: Über 3 Millionen Nutzer in über 130 Ländern haben den Test bereits gemacht und sich einem Typ zugeordnet. Nähere Informationen hierzu finden Sie auf der letzten Seite des Buches.

Die Denker: Glück durch Erkenntnis

Wahrnehmungsdimension: **theoretisch**

Entscheidungsdimension: **logisch**

Was Denker glücklich macht

Müsste man den Persönlichkeitstyp der Denker mit einem einzigen Satz charakterisieren, wäre der berühmte Ausspruch des französischen Philosophen René Descartes am treffendsten: «Cogito ergo sum!» – «Ich denke, also bin ich!»

Denker wie Sie sind die Kopfmenschen unter den Persönlichkeitstypen, ausgesprochen intellektuelle Menschen, die der unbändige Hunger nach Wissen und Kompetenz beherrscht. Sie sind ständig damit beschäftigt, neue Informationen aufzusaugen. Die bestimmende Triebfeder im Inneren aller Denker: Sie müssen verstehen, wie die Welt funktioniert, sie wollen Zusammenhänge erklären, Entwicklungen voraussagen und neue Theorien entwerfen können. Hier liegt zugleich der Schlüssel zu ihrem Glück verborgen. Solange ein Denker die Möglichkeit hat, sich mit komplexen Systemen und Konzepten auseinanderzusetzen, an Problemen zu tüfteln und für diese – oft mit verblüffender Genialität – Lösungen zu entwickeln, solange ist er glücklich. Die zuverlässigste Methode dagegen, Menschen dieses Typs unglücklich zu machen, besteht darin, sie zur (geistigen) Untätigkeit zu zwingen.

Der erste und wichtigste Glückstipp für Sie als Denker lautet daher: Sorgen Sie dafür, dass Ihr wacher Geist immer genügend Nahrung bekommt und neuen Reizen ausgesetzt ist, an denen er sich reiben und entwickeln kann. Im Idealfall ist natürlich Ihr Arbeitsplatz hierfür das perfekte Spielfeld. Aber auch in Ihrer Freizeit gibt es viele Möglichkeiten, dieses Bedürfnis zu stillen. Sie sind glücklich, solange Sie immer wieder auf intellektuelle Herausforderungen stoßen, innovativ und kreativ tätig sein können und solange Sie den Eindruck haben, dass Sie möglichst an jedem Tag Ihres Lebens etwas Neues erfahren, dazugelernt oder ausprobiert haben.

Übung: Was treibt Sie an?

Nehmen Sie sich für diese Übung bitte etwas Zeit – sowie Papier und Stift. Beantworten Sie immer erst die Frage (ein paar Notizen genügen), bevor Sie die darauffolgende lesen. Es ist sehr wichtig, dass Sie sich als Denker bewusst machen, was Sie wirklich von Ihrem Leben erwarten, was Sie anstreben und was Ihnen wichtig ist. Nur dann werden Sie Ihre Prioritäten glücksfördernd setzen können.

Frage 1: Stellen Sie sich vor, in der kommenden Nacht erscheint Ihnen ein Engel und teilt Ihnen mit, dass Sie nur noch ein Jahr zu leben haben. Was würden Sie in diesem Jahr noch gern erfahren, erleben, erlernen, ausprobieren, angehen? Womit würden Sie das Jahr füllen?

Frage 2: Der Engel erscheint Ihnen in der folgenden Nacht erneut und entschuldigt sich. Er hat sich in den Daten geirrt – Sie haben nur noch einen Monat zu leben. Was wäre für Sie das Wichtigste in diesem Monat?

Frage 3: In der dritten Nacht taucht der Engel zerknirscht bei Ihnen auf und informiert Sie, dass der Fehlerteufel schon wieder zugeschlagen habe. Ihnen bleibt leider, leider nur noch der nächste Tag, bevor Sie sterben. Wie und womit würden Sie Ihren letzten Tag auf Erden verbringen wollen?

Der enorme Ehrgeiz der Denker, ihre eigenen Fähigkeiten ständig auszubauen und zu verbessern, ist ohne Zweifel die Ursache für ihren oft sehr großen beruflichen Erfolg. Diesen Persönlichkeitstyp gibt es in der Bevölkerung vergleichsweise selten, er bringt aber überdurchschnittlich oft Menschen hervor, die durch ihr Genie und ihre außergewöhnliche Brillanz ganze Generationen beeindrucken – denken Sie nur an Menschen wie Julius Cäsar, Albert Einstein oder Immanuel Kant.

Interessanterweise sind Denker trotzdem die Persönlichkeitstypen, die im Hinblick auf ihr eigenes Wissen und Können am stärksten zu Selbstkritik neigen. Häufig werden sie insgeheim von düsteren Zweifeln und Versagensängsten geplagt. Sie sind sich selbst nie gut genug; kaum ist eine selbst gelegte Messlatte von ihnen übersprungen, schon wird sie ein Stück höher gelegt. Dieses unbarmherzige Streben nach Perfektion erzeugt in vielen Denkern eine ungeheure Rastlosigkeit, fast schon Getriebenheit. Menschen dieses Typs fällt es besonders schwer, innerlich zur Ruhe zu kommen, sich zu entspannen oder einfach mal *nichts* zu denken.

Sie kennen das Problem? Dann ist Meditation vielleicht genau das Richtige für Sie! Nur sehr wenige andere Freizeitaktivitäten sind so umfassend auf ihre glücksfördernde Wirkung hin untersucht worden. Regelmäßig ausgeübt, macht Meditation nicht nur glücklicher, sie fördert auch den Stressabbau, stärkt das Selbstwertgefühl und hat positive Auswirkungen auf das Immunsystem. Für Sie als Denker ist sie aber vor allem eine perfekte Methode, das sich unablässig drehende Gedankenkarussell in Ihrem Kopf wenigstens gelegentlich anzuhalten. Ihrer Glücksbilanz wird das ausgezeichnet bekommen!

Übung: Meditation für Anfänger

Suchen Sie sich einen Ort, an dem Sie allein und ungestört sind. Im Idealfall erklären Sie diesen Ort zu Ihrem Meditationsort – tun Sie dort nichts anderes. Ist Ihnen dies räumlich nicht möglich, besorgen Sie sich eine kleine Matte oder ein Sitzkissen, das Sie speziell zum Meditieren benutzen. So ist Ihr Meditationsort zwar flexibel, aber dennoch exklusiv genutzt.

Schließen Sie die Augen und nehmen Sie wahr, wie Sie ein- und ausatmen. Konzentrieren Sie sich dabei bitte darauf, genauso lange ein- wie auszuatmen. Zählen Sie in Gedanken Ihre Atemzüge mit, bis Sie jeweils bei zehn angekommen sind, dann beginnen Sie wieder von vorne.

Lassen Sie abschweifende Gedanken an sich vorbeiziehen und lenken Sie Ihre Aufmerksamkeit wieder auf Ihren Atem. Sollte das zu schwierig sein, konzentrieren Sie sich auf ein bestimmtes Geräusch. Sie haben einen Zimmerspringbrunnen? Lauschen Sie dem plätschernden Wasser. Stellen Sie sich vor, wie es alle Ihre Gedanken aus Ihrem Kopf fortspült und nur Leere darin zurücklässt. Wenn Ihnen auch das schwerfällt, lassen Sie die Augen offen und versuchen Sie, sich mit all Ihren Sinnen auf einen Gegenstand zu konzentrieren, zum Beispiel auf eine Kerzenflamme oder auf eine Blüte.

Beginnen Sie mit kurzen Intervallen von fünf Minuten, die Sie allmählich auf 20 Minuten steigern. Wichtig ist, dass Sie täglich üben. Lassen Sie sich überraschen, welche Veränderungen Sie an sich beobachten!

Liebe und Freundschaft

Mit einem Denker warm zu werden, sei es auf romantische oder auf freundschaftliche Weise, ist für viele andere Persönlichkeitstypen eine Herausforderung – vor der nicht wenige kapitulieren. Das hat viel mit der Aura von Arroganz zu tun, welche die meisten Denker ausstrahlen. Der scharfe Verstand, die Neigung der Denker, jeden Missstand gnadenlos aufzuspüren und anzuprangern, und nicht zuletzt die Eloquenz, die dieser Typus mitbringt, schüchtern viele Menschen ein. In seiner Gegenwart fühlt man sich nahezu zwangsläufig intellektuell unterlegen, was bei so manchem zu einer instinktiven Abwehr- und Rückzugsreaktion führt. Interessanterweise ist den Denkern in aller Regel nicht bewusst, wie sie auf andere Menschen wirken. Das hängt unter anderem damit zusammen, dass sie nur wenig Zeit damit verbringen, sich über die Meinung ihrer Umwelt Gedanken zu machen. Oft genug sind sie daher sehr erstaunt, wenn sie hören, dass sie gelegentlich den Eindruck von Reserviertheit und Selbstgefälligkeit vermitteln.

Nun sind die Denker von allen Persönlichkeitstypen tatsächlich die emotional unabhängigsten: Sie kommen relativ problemlos über einen längeren Zeitraum ohne feste Partnerschaft aus. Zudem umgeben sie sich mit vergleichsweise wenigen Freunden, denn sie sind sich in vieler Hinsicht selbst genug. Sogar die *Extrovertierten* unter ihnen, die gern unter Leuten sind, sind sehr wählerisch und geben sich zur Not lieber mit einem kleinen Bekanntenkreis zufrieden, bevor sie faule Kompromisse schließen. Ein Denker muss immer den Eindruck haben, dass eine Beziehung oder Freundschaft mit jemandem ihn selbst in irgendeiner Weise inspiriert, bereichert oder in seiner Entwicklung voranbringt. Trifft das nicht zu, verzichtet er lieber auf den Kontakt. Für Sie als Denker sind gut funktionierende zwischenmenschliche Beziehungen insofern in Sachen Glück weniger ausschlaggebend als für andere Typen. Dennoch könnten Sie sich das Leben in mancher Hinsicht sehr erleichtern, wenn Sie ein wenig an Ihrer ausgesprochen unterentwickelten *fühlenden* Präferenz arbeiten würden!

Die objektive Sachebene steht bei Ihnen dermaßen stark im Vordergrund, dass Sie emotionale Bedürfnisse und Reaktionen Ihrer Mitmenschen oft außer Acht lassen. Mit Feingefühl und diplomatischem Geschick sind Sie von Natur aus nicht sonderlich gesegnet – Sie sagen in der Regel geradeheraus, was Sie denken und was den Fakten entspricht. Wie und warum andere Menschen offensichtliche Gegebenheiten mitunter ignorieren, nur um jemand anderem nicht auf die Zehen zu treten, ist Ihnen schleierhaft. Auf andere, emotionalere Naturen wirken Sie deshalb häufig sehr brüsk, manchmal sogar taktlos. Außerdem werden Sie rasch ungeduldig, wenn die Menschen um Sie herum Ihren komplexen Gedankengängen und Ihrer etwas komplizierten Ausdrucksweise nicht schnell genug folgen können. Eigentlich ist doch alles sonnenklar – warum nur begreifen die anderen das nicht? Wenn Sie dann genervt, manchmal auch herablassend oder gar ärgerlich reagieren, verspielen Sie in Ihrem Umfeld unnötig Sympathien und erschweren sich vieles. Unterschätzen Sie bei der Umsetzung Ihrer Ideen im Beruflichen wie im Privaten nicht den «Faktor Mensch»! Mit mehr Einfühlungsvermögen und Taktgefühl erreichen Sie oft schneller, was Sie wollen. Das nachfolgende Training wird auch Ihren privaten Beziehungen zugutekommen.

Übung: Trainieren Sie Ihre Empathiefähigkeit!

Ob im beruflichen oder privaten Umfeld: Bitte wählen Sie ab sofort *ein* Gespräch pro Tag, das Sie nach dem folgenden Schema führen:

1. Hören Sie für Ihren Gesprächspartner erkennbar aufmerksam zu! Das bedeutet: Unterbrechen Sie ihn nicht, auch wenn Sie glauben, bereits alles verstanden zu haben oder Ihnen ein Einwand schon auf der Zungenspitze liegt! Wenden Sie sich Ihrem Gegenüber zu, halten Sie Blickkontakt. Senden Sie ab und zu bestätigende Signale (Kopfnicken, «ja»).
2. Geben Sie anschließend die Aussage Ihres Gegenübers in eigenen Worten wieder: «Sie sagen also, dass ...» Warten Sie die Bestätigung Ihres Gegenübers ab.
3. Fassen Sie die Kernaussage Ihres Gegenübers noch einmal zusammen: «Es geht Ihnen also vor allem um ...» Warten Sie auch hier die Bestätigung Ihres Gegenübers ab.
4. Versuchen Sie, die Gefühle Ihres Gegenübers zu erfassen. Können Sie Zwischentöne filtern? Falls ja, sprechen Sie diese an: «Ich habe den Eindruck, Sie ärgert, dass ...», «Ist es richtig, dass Sie besorgt sind über ...» Warten Sie auch hier bitte wieder auf die Bestätigung Ihres Gegenübers.

Die Übung mag Ihnen auf den ersten Blick etwas sperrig erscheinen, sie ist allerdings ausgezeichnet dazu geeignet, um Ihr Einfühlungsvermögen gezielt zu trainieren sowie behutsamere Formulierungen zu erlernen!

Die eben vorgestellte Technik können Sie so oder in ähnlicher Form natürlich in jeder sozialen Interaktion nutzen. Speziell für Ihre Partnerschaft möchte ich Ihnen an dieser Stelle aber noch einen weiteren Glückstipp mit auf den Weg geben. Dieser ist für Sie besonders dann wichtig, wenn Sie mit einem Partner zusammen sind, der in seiner Persönlichkeit nicht wie Sie eine *logische*, sondern eine *fühlende* Präferenz aufweist. (Ob das so ist, können Sie beide ja jetzt durch die Tests in diesem Buch überprüfen.) Missverständnisse sind in diesem Fall vorprogrammiert und eskalieren leicht – und völlig unnötig.

Stellen Sie sich folgende Situation vor: Ihr Partner kommt nach Hause, wirft sich entnervt aufs Sofa und beginnt zu jammern. Der Chef hat ihm kurzfristig ein größeres Projekt zugeteilt, das ein Kollege betreuen sollte, der aber unerwartet für mehrere Monate krankgeschrieben wurde. Da die Abteilung nun personell unterbesetzt ist, wird es darauf hinauslaufen, dass er das Projekt im Rahmen von Überstunden erledigen muss.

Den lange geplanten Weihnachtsurlaub können Sie vergessen; Ihr Partner wird über den Jahreswechsel konzentriert durcharbeiten müssen. Eigentlich sollten noch zwei Kollegen helfen. Die haben sich allerdings mit dem Hinweis auf die Schulferien ihrer Kinder aus der Affäre gezogen und unmissverständlich mitgeteilt, dass sie nicht bereit seien, auf den Weihnachtsurlaub zu verzichten. Da Sie beide keine Kinder haben, hat Ihr Partner hier den Kürzeren gezogen. Am liebsten würde er kündigen und den Chef mit seinem dämlichen Projekt einfach sitzen lassen! Vor lauter Zorn bricht Ihr Partner in Tränen aus.

Wie würden Sie jetzt aller Wahrscheinlichkeit nach reagieren? Würden Sie vielleicht verständnislos den Kopf schütteln: «Aber nun freu dich doch – du wolltest doch schon lange eine Chance wie diese haben!» Würden Sie antworten: «Jetzt komm mal wieder runter. Immer musst du hysterisch reagieren – heulen macht die Sache auch nicht besser.» Oder würden Sie mit den Achseln zucken: «Dann kündige, Schatz, wenn dir das Ganze zu viel wird. Oder rede mit einem Anwalt, Urlaubsanspruch hat man doch auch ohne Kinder.» Und welchen Effekt hätte Ihre jeweilige Antwort vermutlich auf Ihren (fühlenden) Partner? Zumindest Letzteres lässt sich leicht vorhersagen: «Du verstehst mich nicht!»,«Du hörst mir nicht zu!», «Ich bin dir total unwichtig!»

Die Lösung beziehungsweise Vermeidung dieser Situation ist ganz einfach: Wenn *fühlende* Persönlichkeitstypen mit einem Problem zu Ihnen kommen, wollen Sie von Ihnen (zunächst) weder eine logische Analyse der Sachlage, noch einen Verweis wegen einer (möglicherweise übertriebenen) emotionalen Reaktion. Und schon gar nicht sind sie in einem Moment wie diesem an einem konkreten Lösungsvorschlag interessiert. Was Ihr Partner an dieser Stelle von Ihnen möchte, nennen Psychologen *emotionale Unterstützung*: aufmerksames Zuhören, Solidaritätsbekundungen, liebevolle Ermutigungen und dergleichen. Mit diesen Dingen sind Denker in der Regel sehr sparsam, denn sie halten sie für unnötige Zeitverschwendung. Viel lieber geben sie *sachbezogene Unterstützung*: Sie analysieren das Problem und suchen nach Lösungen. Diese Formen der Unterstützung sind auch bei *fühlenden* Typen hochwillkommen – aber bitte erst ein klein wenig später! Damit eine Beziehung zwischen

Ihnen und einem fühlend orientierten Partner gutgeht, sollten Sie lernen, in Krisensituationen *zunächst und vor allem* emotionale Unterstützung als «Erste Hilfe» zu leisten.

Übung: Geben Sie emotionale Unterstützung!

Versuchen Sie, in Situationen wie der obigen wenigstens kurzzeitig Ihre *logische* Dominanz auf « Pause » zu schalten und

- verständnisvoll und geduldig zuzuhören. Das haben Sie in der vorangehenden Übung schon prima trainiert!
- gut zuzureden und beim Entspannen zu helfen: « Atme mal tief durch! », « Komm, ich lass dir ein Bad ein und dann reden wir in Ruhe. »
- sich mit Ihrem Partner und seinen Gefühlen zu solidarisieren, statt sie infrage zu stellen oder zu kritisieren: « Das würde mich auch ganz schön aufregen. », « Wie ärgerlich! »
- ihm Mut zuzusprechen: « Ich bin ganz sicher, dass du das kannst! », « Lass dich nicht kleinkriegen, das schaffst du! »
- ihm Zuwendung zu signalisieren, indem Sie ihn in den Arm nehmen und streicheln.

Wann Sie Ihren analytischen Verstand wieder einschalten können? Wenn sich Ihr Partner ein wenig beruhigt hat und er von sich aus erkennen lässt, dass er an konkreten Lösungsvorschlägen interessiert ist. Dann kommen Ihr

Sachverstand und Ihre Problemlösefähigkeiten zum Zuge und werden gute Dienste leisten. Probieren Sie's aus! Jede Wette, dass Ihre Beziehung dadurch glücklicher wird!

Ausbildung und Beruf

Wie schon erwähnt, ist dieser Teil Ihres Lebens für Sie als Denker sehr wichtig – wichtiger als für viele andere Persönlichkeitstypen. Ihr Ehrgeiz und Ihre Wissbegierde lassen Sie im Grunde in allen Berufen erfolgreich sein. Doch es gibt Umstände und Arbeitsfelder, die sich bei Ihnen besonders glücksfördernd auswirken, während andere Ihnen von vornherein eher weniger guttun. Wenn Sie die Wahl haben, sind Sie in Bereichen besser aufgehoben, in denen eine sachliche, aufgabenorientierte Atmosphäre herrscht. Klüngeleien, Intrigen oder zu viel «Gemenschel» sind Ihnen im Arbeitsalltag ein Gräuel.

Sie konzentrieren sich gern voll auf Ihre Arbeit – die zwischenmenschlichen Aufs und Abs, die fast zwangsläufig aus intensiver Teamarbeit entstehen, empfinden Sie dabei als unangenehm und störend.

Viele Denker zieht es in die Naturwissenschaften, vor allem in die Forschung, aber auch in Technik, Philosophie, Kriminologie und im IT-Bereich ist Ihr Typus ganz in seinem Element. Hauptsache, es gibt etwas zu entschlüsseln, zu enträtseln, zu verstehen und im besten Fall dann noch weiterzuentwickeln und zu verändern!

Oft findet man Denker aber auch als Berater oderAnalytiker (z. B. als Unternehmensberater oder Wirtschaftsprüfer).

Übung: Im richtigen Job?

Bietet Ihnen Ihre berufliche Tätigkeit …

… genügend Möglichkeiten, Ihre Fähigkeiten und Fertigkeiten kontinuierlich auszubauen und weiterzuentwickeln?

… die Gelegenheit, komplexe Systeme und Sachverhalte zu analysieren, Probleme zu lösen, neue Modelle zu entwickeln und unerschlossene Potenziale zu entdecken?

… die Gelegenheit, sich vor allem mit zukunftsorientierten Entwicklungen, Möglichkeiten, Gestaltungen und Fragestellungen zu befassen?

… die Möglichkeit, sich in Ruhe ganz auf Ihre Arbeit zu konzentrieren und in Ihren Gedanken und Überlegungen zu versinken?

… den Rahmen, Entscheidungen vor allem auf der Basis von Logik und klaren Fakten zu treffen?

Falls Sie überwiegend mit «ja» geantwortet haben: Glückwunsch, Sie sind schon im perfekten Job angekommen! Falls Sie häufiger «nein» gedacht haben: Sollten Sie Ihre Berufs- oder Arbeitsplatzwahl überdenken. Schließlich verbringen Sie mit Ihrer Arbeit einen Großteil Ihrer wachen Lebenszeit! Können Sie es sich leisten, durch Ihre Unzufriedenheit im Job so viel Glück zu verschenken?

Viele Denker findet man im mittleren und gehobenen Management, vor allem aber in Führungspositionen. Ihr messerscharfer Verstand und ihr hohes Leistungsideal lassen sie oft «von alleine» die Karrieretreppe hinauffallen, selbst wenn sie dies nicht gezielt anstreben. Die wenigsten Denker legen Wert auf ein hohes Einkommen und besonderen Status. Ohne einen direkten Vorgesetzten vor der Nase fühlen sich die meisten von ihnen aber in ihrer Haut sehr viel wohler. Gerade mit Chefs haben Denker nämlich häufig ihre Schwierigkeiten, denn sie respektieren zwar gern und bereitwillig Kompetenz ohne Status, niemals aber Status ohne Kompetenz! Ein Schildchen mit dem Titel Geschäftsführung an einer Tür beeindruckt keinen Denker. In seinen Augen ist jemand entweder fähig oder unfähig. In letzterem Fall ist der Chef eines Denkers nicht zu beneiden …

Wie bereits erwähnt, flößen der beeindruckende Intellekt der Denker und ihre Art, manchmal mit beißendem Sarkasmus auf Missstände oder Fehler hinzuweisen, vielen Mitmenschen Unbehagen oder sogar Angst ein. In beruflicher Hinsicht kann das Denkern Schwierigkeiten bereiten, weil sie in Teams unter Umständen eine Außenseiterrolle einnehmen. Das führt dazu, dass wichtige Informationen nicht oder zu spät bei ihnen ankommen oder sie in anderer Weise ausgebremst werden. Schlimmstenfalls werden sie sogar zu einem Mobbing-Opfer.

Hier müssen Sie Ihrem Glück auf die Sprünge helfen: Teilen Sie Ihre Gedanken mit Ihren Kollegen und akzeptieren Sie deren Meinungen. Auch wenn es Ihre innerste Überzeugung ist, dass sie sowieso nicht verstehen werden, worum es Ihnen geht. Setzen Sie nicht immer voraus, dass die anderen wissen sollten, was wichtig ist. Üben Sie sich stattdessen auch im Job ab und zu in dem, was Ihnen selbst als überflüssige Kommunikation erscheint. Wie das funktioniert, wissen Sie schon aus dem Abschnitt über Liebe und Freundschaft. Als Denker sind Sie zwar recht unabhängig von Lob, Anerkennung und Sympathie Ihrer Kollegen und Vorgesetzten, es arbeitet sich trotzdem angenehmer, wenn Sie nicht ständig gegen (vermeidbare) Widerstände ankämpfen müssen.

Ein letzter wichtiger Aspekt in beruflicher Hinsicht ist die ausgeprägte *theoretische* Dominanz, die den Denker-Typus kennzeichnet. Sie ist die Grundlage für seine herausragenden Fähigkeiten als Ideengeber und Visionär. Wenn es darum geht, neue Wege und Möglichkeiten ausfindig zu machen, reicht kein anderer Typus den Denkern das Wasser. Die Schattenseite dieser extremen Theorielastigkeit besteht darin, dass dem Denker oft der Blick fürs Praktische fehlt. Mit den Details und konkreten Schritten, die notwendig sind, um seine kühnen Entwürfe Realität werden zu lassen, befasst sich der Denker nur ungern. Das langweilt ihn und lässt ihn schnell ungeduldig und aggressiv werden. Kommt dann ein eher *praktisch* orientierter Mitarbeiter oder Kollege des Weges und beginnt, lästige Fragen hinsichtlich Zeitplänen, Materialverfügbarkeit oder Machbarkeit zu stellen, reagiert der Denker oft barsch, indem er die zaghafte Kritik einfach vom Tisch fegt. Hand aufs Herz: Wann haben Sie selbst das letzte Mal in einer vergleichbaren Situation von «Erbsenzählern», «Kleingeistern» oder «intellektuellen Leichtgewichten» gesprochen?

Dabei würde es Denkern oft sehr helfen, wenn sie bei der Analyse möglicher Schwachpunkte ihrer Projekte sogar ganz gezielt auf Mitarbeiter mit praktischer Dominanz zurückgreifen würden. So manches hochfliegende Vorhaben ist schon an banalen Hindernissen zerschellt, die im Vorfeld schlicht übersehen wurden. Denker neigen dazu, sich in ihre eigenen Ideen derart zu verrennen, dass sie blind für mögliche Schwierigkeiten werden. Sie *wollen* dann einfach keinen Fehler in ihrem Konzept sehen.

Übung: Suchen Sie Bodenhaftung!

Sie wissen vermutlich selbst am besten, wen Sie in Ihrem unmittelbaren beruflichen Umfeld insgeheim als «geistigen Fußgänger» bezeichnen. Natürlich die Person, die beharrlich an Ihren exzellenten Ideen herummäkelt und Sie mit schnöden Detailfragen, Einwänden und Worst-Case-Szenarien zu behelligen pflegt. Wahrscheinlich halten Sie sich den Störenfried in der Planungsphase eines Projekts bislang so weit wie nur möglich vom Leib. Versuchen Sie bei nächster Gelegenheit einmal genau das Gegenteil! Dazu arbeiten Sie mit der Walt-Disney-Methode, einer Kreativitäts-Methode, die auch sehr gut zur Projektanalyse genutzt werden kann. Bei dieser Methode betrachten und diskutieren drei unterschiedliche Personen ein Problem oder ein Projekt aus jeweils einer klar vorgegebenen Rolle heraus:

- der Träumer (visionär, liefert Ideen, enthält sich aber eines Urteils zu ihrer Machbarkeit),
- der Realist (pragmatisch-praktisch, entwickelt Aktivitätenpläne und beschreibt notwendige Arbeitsschritte),
- der Kritiker (sucht nach Fehlern, stellt Fragen, fordert die Vorgaben der anderen heraus und prüft sie).

Sie selbst übernehmen in der Diskussionsrunde die Rolle des Träumers und besetzen die Position des Realisten mit dem praktischen Quälgeist aus Ihrem Team. Nutzen Sie seine spezielle Kompetenz an dieser Stelle, statt sie zu bekämpfen oder sich über sie zu ärgern! Den Kritiker kann ein weiterer Ihrer Kollegen spielen. Die Aufgabe für Sie als Denker lautet hier nicht, zum Realisten zu werden, sondern sich mit dessen Sichtweise bewusst auseinanderzusetzen. Auf diese Weise zwingen Sie sich selbst, die Umsetzbarkeit Ihrer Ideen im Vorfeld genauer zu überprüfen, als Sie das von Natur aus gern tun. Das Ergebnis: Sie werden sich an noch mehr erfolgreich verwirklichten Projekten erfreuen können als bisher! Und wahrscheinlich wird Ihnen dieses Vorgehen sogar bald eine Menge Spaß machen!

Entspannung und Freizeit

Die Kombination *theoretisch-logisch*, welche die Denker charakterisiert, ist typisch für Menschen, die in Sachen Entspannung nicht gerade die Nase vorn haben. Ihr bereits erwähnter Perfektionismus sorgt dafür, dass Sie in gewisser Weise unter einer Dauer-Anspannung stehen: immer auf dem Sprung, immer auf der Suche nach Weiterentwicklungsmöglichkeiten. Grundsätzlich natürlich eine prima Voraussetzung für eine fulminante persönliche und berufliche Karriere – andererseits aber unter Umständen auch eine exzellente Basis für einen Burnout. Ein Warnsignal für Sie sollte sein, wenn Sie sich bei Aktivitäten ertappen, die als Sinnes-Exzess bezeichnet werden können: übermäßiges Essen, Rauchen, Trinken, übertriebener Sport oder im schlimmsten Fall sogar Suchtmittelgebrauch. Das sind klare Anzeichen dafür, dass Ihre Stress-Bilanz im roten Bereich angekommen und es allerhöchste Zeit ist, hier gegenzusteuern!

Gute Entspannungsmöglichkeiten für Sie bieten vor allem Aktivitäten, die Ihre *logische* Seite ansprechen und fesseln. Dazu gehören Strategiespiele (zum Beispiel Schach, Bridge, Poker), knifflige Rätsel und Denkaufgaben (zum Beispiel Sudoku, Sikaku) sowie alle Aufgaben rund ums Programmieren und um den Computer.

Eingangs dieses Kapitels haben Sie erfahren, dass «Cogito ergo sum!» – «Ich denke, also bin ich!» – das Motto Ihres Typs ist. Entsprechend zielen viele der bisher genannten Glückstipps für Denker vor allem darauf ab, Ihr inneres Bedürfnis nach geistiger Herausforderung und Anregung bestmöglich zu befriedigen. Paradoxerweise ist es für Ihre Glücksbilanz aber gleichzeitig sehr wichtig, einen Ausgleich für genau diese geistige Anregung zu schaffen. Die *theoretische* Präferenz ist bei Ihnen so stark ausgeprägt, dass sie alle anderen Persönlichkeitsaspekte dominiert. Dies führt in manchen Situationen zu einer Art *Zwang* zum Analysieren, Fehlersuchen und Ideenproduzieren. In Ihrem Kopf dreht sich dann unablässig ein Gedankenkarussell, das willentlich von Ihnen kaum noch zum Stillstand gebracht werden kann. Das ist mitunter sehr erschöpfend. Sie brauchen deshalb Techniken, die diese Gedankenschleifen unterbrechen. Die schon im ersten Abschnitt dieses Kapitels empfohlene Meditation ist eine davon. Eine weitere gute Methode besteht darin, Ihre *praktische* Präferenz zu aktivieren.

Übung: Aktivieren Sie Ihre praktische Präferenz!

Widmen Sie sich bitte gezielt einmal täglich für die Dauer einer halben Stunde Aktivitäten, die Ihre *praktische* Präferenz ansprechen. Körperliche Aktivität ist eine ausgezeichnete Möglichkeit hierfür. Viele Denker erleben es als sehr befreiend, sich gerade in Momenten, in denen sie sich gedanklich «verrannt» haben, körperlich auszupowern. Nicht wenige Denker flüchten sich zu diesem Zweck auch gern in die Küche und tüfteln an ambitionierten Menüs. Haben Sie es zum Beispiel schon mit der Molekularküche à la Ferran Adrià probiert? Und selbstverständlich funktioniert auch Musik sehr gut, entweder durch Zuhören oder – besser –, indem Sie selbst ein Instrument spielen. All diese Aktivitäten sprechen Ihre Sinne an und damit Ihre praktische Präferenz. Sie werden Ihnen helfen, wenigstens ab und zu locker zu lassen und zur Ruhe zu kommen.

Ohnehin ist es für Sie als theoretischen Typus wichtig, dem Aspekt Ihrer Körperlichkeit mehr Beachtung zu schenken. Ihr Körpergefühl ist nicht sehr gut ausgeprägt. Sie neigen dazu, Ihre Gesundheit sträflich zu vernachlässigen, indem Sie weder auf ausreichend Bewegung noch auf gesunde Ernährung achten. Ihr Körper ist für Sie lediglich das Vehikel Ihres Geistes – ein notwendiges Übel, dem Sie nicht mehr Aufmerksamkeit zukommen lassen, als unbedingt nötig. Ein fataler Fehler in Sachen Glücksbilanz! Die Psyche erhält ständig, in der Regel unbewusst verarbeitete, Rückmeldungen aus dem Körper über dessen Aktivitäten und Befindlichkeiten. Diese Signale liefern dem Gehirn Informationen darüber, wie wir uns aktuell fühlen. In der Forschung nennt man diesen Prozess Bodyfeedback. Sie kennen das aus dem Alltag: Wenn Sie zum Beispiel krank sind, sich schwach und müde fühlen oder Schmerzen haben, ist auch Ihre Stimmung eher niedergeschlagen und gedrückt. Wenn Sie dagegen gerade Ihre Joggingstrecke erfolgreich bewältigt haben, lösen die während der Anstrengung ausgeschütteten Glückshormone in Ihnen Gefühle von Freude und Zufriedenheit aus. Und dass sich die eigene Stimmung über das Essen gezielt heben lässt, weiß jeder Schokolade- und Nudel-Fan!

Auch Ihre Körperhaltung ist für Ihr Gehirn eine wichtige Informationsquelle und beeinflusst Ihre Stimmung mehr, als Ihnen wahrscheinlich bewusst ist: Wenn Sie den größten Teil des Tages mit gekrümmtem Rücken und eingezogenen Schultern vor dem Computer am Schreibtisch gesessen haben, signalisiert Ihre Körperhaltung Ihrem Gehirn: Aha, wir fühlen uns gerade ängstlich, erschöpft und traurig! Denn leider kann das System nicht unterscheiden, ob Sie sich nur deshalb zusammenkauern, weil Ihr Schreibtischstuhl schon lange auf den Sperrmüll gehört, oder ob Sie andere Gründe haben, im übertragenen Sinne den Kopf einzuziehen.

Es assoziiert einfach bestimmte Muskelbewegungen mit bestimmten Gefühlen. Genau deshalb können Sie diesen Effekt umgekehrt gezielt nutzen, um sich langfristig wirklich besser und glücklicher zu fühlen. Dazu ist es notwendig, im Umgang mit dem eigenen Körper etwas mehr Sorgfalt und Aufmerksamkeit an den Tag zu legen. Für Sie als Denker ist das besonders wichtig!

Übung: Körper an Seele!

Gewöhnen Sie sich daran, sich in regelmäßigen Abständen Ihre Körperhaltung bewusst zu machen. Überprüfen Sie: Sitzen oder stehen Sie gekrümmt? Ist Ihr Blick eher nach unten gerichtet? Ziehen Sie die Schultern nach vorne und unten statt nach hinten? Dann verändern Sie diese Haltung ganz gezielt in eine, die Sie gedanklich mit Gefühlen wie Zufriedenheit, Erfolg, Glück, Stolz oder Freude assoziieren. Nehmen Sie dazu die Schultern leicht zurück, richten Sie sich ganz gerade auf und heben Sie den Kopf etwas an. Lenken Sie Ihren Blick ein wenig nach oben und vor allem: Lächeln Sie leicht!

Je häufiger Sie dies tun und je länger Sie diese neue Haltung bewahren können, desto intensiver wird der Effekt auf Ihre Stimmung sein. In Experimenten hat sich allerdings gezeigt, dass die Rückmeldung aus der Muskulatur ans Gehirn mindestens acht Minuten gleichbleibend erfolgen muss, um eine Veränderung in der seelischen Befindlichkeit auszulösen. Ein gewisses Durchhaltevermögen ist deshalb wichtig – fallen Sie also bitte nicht nach drei Minuten schon wieder in sich zusammen!

Ein letzter Hinweis in Sachen Freizeit sei an dieser Stelle noch gestattet. Bitte beobachten Sie sich einmal selbst: Gibt es ausreichend Zeiten, in denen Sie einfach nur Ihre Seele baumeln lassen? Gerade bei Ihrem Persönlichkeitstyp führt das unablässige Streben nach Weiterentwicklung und Verbesserung dazu, dass Sie auch in Ihrer Freizeit mit einer Art inneren

Messlatte unterwegs sind und selbst Ihre Hobbys noch danach beurteilen, ob sie Sie in irgendeiner Weise weiterbringen. Sie tragen einen strengen Coach in sich. Sie wirklich selbstvergessen und gelöst anzutreffen, ist deshalb wahrscheinlich ein sehr seltenes Ereignis.

Es würde Ihrer Glücksbilanz zugutekommen, wenn es Ihnen gelänge, ein paar zusätzliche spielerische, absolut zweckfreie Elemente in Ihr Leben einzuladen. Manche Denker schaffen das besser, sobald sie Eltern werden. Dann lassen sie sich von ihren Kindern diesbezüglich ein Stück weit verführen und finden sich zu ihrer eigenen Überraschung plötzlich in der schönsten Kissenschlacht oder beim Cowboy-und-Indianerspiel wieder. Aber auch unabhängig von der Elternschaft sollten Sie überlegen, was Ihnen helfen könnte, ab und zu etwas mehr Leichtigkeit in Ihr Dasein zu bringen. Dem Vernehmen nach hat sogar der liebe Gott am siebten Tag einfach nur gefaulenzt …

Glückstyp Ehrgeiziger Denker

Energiedimension:	**extrovertiert**
Handlungsdimension:	**planend**

Ehrgeizige Denker wie Sie strahlen Enthusiasmus, Selbstsicherheit und Entschlossenheit aus. Tatkräftig und energisch arbeiten Sie daran, Ihre Ziele zu verwirklichen. Nichts lieben Sie mehr als neue Herausforderungen, die essenzieller Bestandteil Ihres Glücks sind. Leicht errungene Siege bereiten Ihnen keine Freude. Nicht von ungefähr gehörten einige der berühmtesten Feldherren und Staatsoberhäupter der Geschichte wie etwa Napoleon Ihrem Persönlichkeitstyp an. Auch Sie sind der geborene Stratege: kompetent, verantwortungsbewusst und dynamisch.

Sie sind sehr gut strukturiert und ein Organisationstalent. Lässigkeit und In-den-Tag-Hineintrödeln darf man von Ihnen nicht erwarten. Sie haben einen scharfen Blick für Fehler und können gnadenlos kritisieren, wenn Sie den Erfolg eines Projekts in Gefahr sehen. Sie lieben Diskussionen, sind rhetorisch sehr begabt und können andere gut mitreißen und überzeugen. Allerdings haben Sie auch keine Hemmungen, unpopuläre Entscheidungen zu fällen und im Zweifel sehr autoritär gegen Widerstände durchzuboxen, wenn Sie es für nötig halten. Geht etwas nicht nach Ihrem Kopf, können Sie ziemlich stur und verbissen reagieren. Harmonie ist keine unabdingbare Voraussetzung dafür, dass Sie glücklich sind!

Als sehr geselliger Typ haben Sie gern viele Freunde um sich, allerdings am liebsten nur solche, mit denen Sie Ihre Interessen teilen und alle möglichen Themen besprechen können. Wenn Sie nicht das Gefühl haben, dass der Kontakt zu einem Menschen Sie inspiriert und voranbringt, verzichten Sie lieber auf die Beziehung zu ihm. Wer ein offenes Wort gut verträgt, hat in Ihnen einen loyalen und unbestechlichen Ratgeber als Freund und weiß jederzeit genau, woran er mit Ihnen ist. Sensible Gemüter allerdings haben manchmal ihre liebe Not mit Ihren oft harschen Kommentaren.

Auch in der Familie und Partnerschaft sind Sie nicht leicht zufriedenzustellen. Sie haben klare Vorstellungen davon, was Sie wollen. Kompromisse sind dabei für Sie undenkbar. Ihr Partner sollte deshalb über eine starke Persönlichkeit, genügend Selbstbewusstsein und Autonomie verfügen, um Ihrer ausgeprägten Dominanz etwas entgegensetzen zu können. Sonst wird er rasch untergebuttert. Allzu fügsame Partner langweilen Sie ohnehin schnell – Sie bevorzugen auch hier einen ebenbürtigen Gegner! Wer Ihr Leben teilen will, wird sich allerdings damit abfinden müssen, dass Familie für Sie immer erst an zweiter Stelle nach dem Beruf kommt. Trotzdem schätzen Sie es, jemanden an Ihrer Seite zu haben, der Ihnen auch intellektuell gewachsen ist, mit dem Sie gemeinsame Ziele verfolgen und nächtelang diskutieren können. Schließlich sind Ihnen in einer Beziehung gemeinsame Weiterentwicklung und gegenseitige Unterstützung sehr wichtig.

Ihre ganz persönlichen Glückstipps …

… zum Thema Liebe und Freundschaft:
Gerade Ehrgeizige Denker leben gern nach der Devise: «Es gibt eine Methode, die Sachen richtig anzugehen – nämlich meine!» Sie neigen dazu, herrisch und kompromisslos darauf zu bestehen, dass sich ihr Gegenüber fügt. Selbst für Menschen, die gegen eine ordentliche Diskussion nichts einzuwenden haben, kann das auf Dauer ermüdend sein. Hier sollten Sie im Sinne guter Beziehungen ein wenig an Ihrem Charakter feilen. Selbst wenn Sie es auf Anhieb kaum glauben können: Manchmal gibt es tatsächlich noch andere Sichtweisen auf eine Angelegenheit als die Ihre!

Am glücklichsten werden Sie auf Dauer immer mit einem Partner sein, mit dem Sie in jeder Hinsicht auf Augenhöhe sind. Im positivsten Fall werden Sie beide dann zu einem unschlagbaren Team, das sich gegenseitig coacht, anfeuert und zusammen von Erfolg zu Erfolg galoppiert. Allerdings besteht dann immer die Gefahr, dass Sie sich in eine Art Konkurrenzdenken verrennen und nicht nur Außenstehende, sondern sich auch gegenseitig immer noch zu übertrumpfen versuchen. Das kann unter Umständen in eher destruktiven Stress für die Partnerschaft ausarten. Achten Sie bitte immer darauf, einander als Verbündete, nicht als Wettbewerber zu begreifen. Dann kann eine solche Beziehung für beide Partner sehr inspirierend und bereichernd sein!

... zum Thema Ausbildung und Beruf:
Zügeln Sie Ihren leichten Hang zum Aktionismus! Schnelle Entscheidungen zu treffen, ist eine Ihrer großen Stärken – und gleichzeitig eine Ihrer Schwächen. Der Grund: Manchmal haben Sie es so eilig, zu einem Ergebnis zu kommen, dass Sie nicht sorgfältig genug abwägen. Das liegt an Ihrer ausgeprägten *planenden* Präferenz. Diese erzeugt angesichts von Schwebezuständen, Ungewissheiten und offenen Fragen in Ihnen ein so intensives Unbehagen, dass Sie öfter überstürzt handeln, um diesen Zustand zu beenden – ganz nach dem Motto: «Jede Entscheidung ist besser als keine Entscheidung!» Lassen Sie sich bei wichtigen Angelegenheiten mehr Zeit. Reagieren Sie nicht gleich frustriert und verärgert, wenn ab und zu etwas Unvorhergesehenes Ihre ausgefeilten Pläne durchkreuzt und Ihren akkuraten Zeitplan über den Haufen wirft. Eine entspanntere Haltung wird Ihrer Glücksbilanz sehr gut bekommen.

Haben Sie schon darüber nachgedacht, in die Politik zu gehen? Es muss ja nicht gleich die ganz große Berufspolitiker-Laufbahn sein – auch in der Kommunalpolitik finden sich viele interessante Aufgaben und Ämter. Was Ihre Persönlichkeit angeht, sind Sie für diese Art von Tätigkeit wie geschaffen: Sie haben genügend Durchsetzungsvermögen und Energie, um sich auch unter schwierigen Bedingungen für Ihre Ziele einzusetzen. Sie sind ein charismatischer Redner und besitzen den nötigen Sachverstand und Überblick. Da ehrenamtliches Engagement ein sehr zuverlässiger Garant für positive Gefühle und Lebenszufriedenheit ist, könnten Sie hier in mehrfacher Hinsicht etwas für Ihr Glück tun!

… zum Thema Entspannung und Freizeit:
Bereits weiter oben haben Sie erfahren, dass dieses Thema für Sie wie für alle Denker ein schwieriges ist. Umso wichtiger ist es allerdings auch für Ihr persönliches Glück. Neben den schon genannten Entspannungsmöglichkeiten ist für Sie Reisen eine gute Methode, um den Kopf freizubekommen und vom Alltag abzuschalten. Sie lieben es, neue Eindrücke zu sammeln und neue Kulturen zu erforschen. Von den erlebten Glücksgefühlen können Sie noch lange zehren. Sorgen Sie deshalb nach Möglichkeit dafür, dass Sie regelmäßig die Koffer packen können.

Sie sind am liebsten mit anderen gemeinsam sportlich aktiv und in jeder Hinsicht sehr wettbewerbsorientiert. Mannschaftssportarten sind für Sie deshalb bestens geeignet und wahrscheinlich wird man Sie oft als Teamkapitän antreffen. Sie können nun mal nicht *nicht* führen. Wenn Ihr Team dann noch den Sieg davonträgt, ist das für Sie Glück pur. Denken Sie daher über eine Vereinsmitgliedschaft nach, falls so etwas in Ihrem Leben noch fehlt.

Sie gehören zu den Typen, die ein wenig Nervenkitzel in ihrer Freizeit mögen. In dieser Hinsicht ähneln Sie unter den

Persönlichkeitstypen den Machern. Hauptsache, es gibt auch hier eine Herausforderung zu meistern! Ob Sie nun zum Klettern gehen, zum Canyoning oder zum Drachenfliegen – eine Prise Adrenalin sorgt bei Ihnen immer zuverlässig für Glücksgefühle. Achten Sie deshalb bei allem beruflichen Ehrgeiz bitte immer auf genügend Raum und Zeit für solche Aktivitäten.

Glückstyp Innovativer Denker

Energiedimension:	**extrovertiert**
Handlungsdimension:	**spontan**

Als Innovativer Denker sind Sie ein ausgesprochen charmanter und begeisterungsfähiger Mensch: Sie sprühen vor Energie und stehen jederzeit gern im Mittelpunkt der Aufmerksamkeit. Abwechslung – beruflich wie privat – macht Sie deshalb glücklich. Voll Optimismus und mit einem festen Glauben an Ihre eigenen Fähigkeiten ausgestattet, sind Sie in Ihrem Umfeld immer auf der Suche nach Verbesserungsmöglichkeiten. Neugierig und offen gehen Sie auf die Welt zu und meistern jede Herausforderung mit viel Improvisationstalent, Erfindergeist und Einfallsreichtum. Eine große Anzahl an Hobbys prägt Ihre Freizeit; die meisten Menschen Ihres Typs reisen liebend gern, um möglichst vielfältige Eindrücke und Inspirationen zu sammeln.

Im Beruf schätzen Sie anspruchsvolle und abwechslungsreiche Aufgaben. Routine und Detailarbeit dagegen können Sie auf den Tod nicht ausstehen. Am liebsten verblüffen Sie alle mit dem kühnen Entwurf für ein originelles neues Projekt. Dessen konkrete Umsetzung überlassen Sie anschließend großzügig dem staunenden Fußvolk. Macht Ihnen Ihre Arbeit Spaß, können Sie schnell zum reinen Workaholic werden. Hierarchien, Regeln und Vorschriften allerdings reizen Sie automatisch zum Widerspruch und nichts macht Ihnen mehr Spaß, als das System zu überlisten. Ihre Kreativität kommt am besten bei selbstständiger Arbeit zum Tragen. Sie können aber auch sehr gut andere motivieren, denn Sie sind sehr kommunikativ und wortgewandt. Vor allem konzeptionelle oder beratende Tätigkeiten sind Ihnen auf den Leib geschneidert.

Manche Menschen fühlen sich gelegentlich durch Ihre flexible und spontane Art ein wenig überfahren: Ihren oft blitzschnellen Gedankensprüngen und geistigen Höhenflügen zu folgen, ist für Normalsterbliche nicht immer einfach. Darüber hinaus sind Ihre Risikofreude und Ihr Hang zur Improvisation für sicherheitsliebendere Typen wirklich Furcht einflößend. Bei Ihnen kann es durchaus passieren, dass Sie von heute auf morgen Ihren sicheren Job hinschmeißen oder das Familienvermögen in obskure Aktien investieren.

Ihre Geselligkeit und Ihre Unternehmungslust sorgen dafür, dass Sie immer einen großen Bekannten- und Freundeskreis haben. Als Partner brauchen Sie zu Ihrem Glück jemanden, der Ihnen gewachsen ist; intellektuell ebenso wie auch im Hinblick auf Selbstbewusstsein und Persönlichkeit. Das ganze Leben ist für Sie mehr oder weniger ein andauernder Wettstreit. Jemand, der Ihnen darin widerstandslos die Führung überlässt, kann Sie nicht auf Dauer fesseln. In einer sehr konventionellen Partnerschaft wären Sie deshalb schnell unglücklich. Am besten funktioniert Ihre Beziehung langfristig, wenn die Funken nie aufhören zu sprühen – im Streit ebenso wie bei der leidenschaftlichen Versöhnung danach!

Ihre ganz persönlichen Glückstipps …

… zum Thema Liebe und Freundschaft:

Sie genießen eine heftige Debatte in vollen Zügen, nehmen nichts so schnell krumm und haben keine Angst vor einem ordentlichen Streit. Oft genug geht es Ihnen ehrlich um eine konstruktive Konfliktlösung oder das Erreichen einer positiven Veränderung. Manchmal aber ist es die reine Lust am Wortgefecht, die Sie antreibt. Ihr Gegenüber hat dann wenig Chancen, überhaupt zu Wort zu kommen. Das kann ihn unter Umständen ganz schön frustrieren und in dem Gefühl zurücklassen, dass es Ihnen nur ums Gewinnen geht. Ist da nicht manchmal ein Fünkchen Wahrheit dran? Wenn Sie es schaffen, sich hier ab und zu ein wenig zu zügeln und auf andere sensibler einzugehen, tut das all Ihren zwischenmenschlichen Beziehungen ganz bestimmt sehr gut – und damit Ihrer Glücksbilanz!

Gehört Ihr Partner zu den Persönlichkeitstypen mit *fühlender* Präferenz, sind Ihnen seine dauernden Herzens- und Bauchentscheidungen wahrscheinlich oft ein Dorn im Auge. Umgekehrt wird Ihr Partner Ihnen vermutlich öfter vorwerfen, Sie seien zu kalt, rational und distanziert und die Gefühle anderer seien Ihnen egal. Versuchen Sie, an dieser Stelle voneinander zu lernen: Sie können üben, zwischenmenschliche Parameter wie Gefühle stärker in Ihren (Entscheidungs-)Fokus mit einzubeziehen. Das tut Ihnen sehr gut, denn oft spielen diese im beruflichen und privaten Alltag eine viel wichtigere Rolle, als Sie als reiner Kopfmensch glauben wollen. Umgekehrt kann Ihr analytischer, sachlicher Rat Ihren Partner vor mancher Unbedachtheit schützen und manches Problem für ihn lösen. Eine perfekte Ergänzung!

… zum Thema Ausbildung und Beruf:

Das Jonglieren mit parallel zu erledigenden Aufgaben elektrisiert Sie. Im Improvisieren sind Sie ganz groß. Ihr Enthusiasmus reißt andere mit, sodass Sie im Team gut Impulse setzen können. Berge von Papierkram, endlose E-Mail-Korrespondenzen und isoliertes Arbeiten dagegen ermüden, langweilen und frustrieren Sie rasch. Für Sie ist die Anerkennung Ihrer Leistung durch andere wichtiger als für *introvertierte* Denkertypen. In den bewundernden Blicken Ihrer Kollegen und Vorgesetzten entdecken Sie Ihren eigenen beruflichen Wert. Deshalb sind regelmäßiges Feedback und Aufstiegschancen für Ihr berufliches Glück sehr wichtig.

Da Risiko für Sie weniger eine Bedrohung als einen Reiz darstellt, kommen für Sie freiberufliche oder selbstständige Tätigkeiten gut infrage. Sie sollten allerdings darauf achten, dass Sie entweder einen Mitarbeiterstab um sich haben oder eng mit anderen Teams zusammenarbeiten können, damit Ihr Kontakt- und Kommunikationsbedürfnis befriedigt wird.

Nutzen Sie jede Gelegenheit, an Brainstorming-Sitzungen, Konferenzen oder Fachgruppen teilzunehmen, um sich regelmäßig auszutauschen.

Führungspositionen liegen Ihnen von Natur aus, da Sie in ihnen die größte Freiheit hinsichtlich Ihrer Entscheidungen haben. Streben Sie also ruhig danach!

… zum Thema Entspannung und Freizeit:
Der kindliche Spieltrieb ist bei Ihnen glücklicherweise stärker ausgeprägt als bei Ihren drei Denkerkollegen. Gut so, denn damit sind Sie etwas freizeitliebender als diese und geschickter darin, mal fünf gerade sein zu lassen. Die Kehrseite ist allerdings, dass Sie sich unglaublich schnell langweilen und immer wieder neue Reize benötigen. Dann besteht die Gefahr, dass Sie sich verzetteln. Aus Angst, etwas zu verpassen, pressen Sie zu viele Termine in Ihren Kalender. Lernen Sie, Prioritäten zu setzen, sonst tappen Sie schnell in die typische Freizeitstress-Falle! Die Übung «Prioritäten setzen!» auf Seite 132 im Macher-Kapitel kann Ihnen dabei helfen. Oder wie wäre es vielleicht mal mit einem Zeitmanagement-Seminar?

Ihre überbordende Energie braucht dringend ein Ventil, mit dessen Hilfe Sie sich regelmäßig körperlich richtig auspowern können. Sport ist für Sie deshalb ein echtes Muss! Je bewegungsintensiver Ihre Sportart ist, desto besser. Dabei werden in Ihrem Körper jede Menge Glückshormone ausgeschüttet! Alle schnellen Ballspiele liegen Ihnen vermutlich besonders. Aber auch eine gewisse strategische Komponente macht Sportarten für Sie interessant. Golf könnte Ihnen zum Beispiel gut gefallen, obwohl es dabei ruhiger zugeht. Gönnen Sie sich regelmäßig einen Adrenalinstoß, etwa beim Jetskifahren, Klettern, Paragliding oder Bergsteigen! Ihre Risiko liebende Seite wird es Ihnen mit vielen Glücksgefühlen danken.

Glückstyp Unabhängiger Denker

Energiedimension:	**introvertiert**
Handlungsdimension:	**planend**

Als Unabhängiger Denker sind Sie ein analytischer und geistreicher Mensch. Gewöhnlich sind Sie sehr selbstsicher und lassen sich von Konflikten und Kritik nicht so schnell aus der Ruhe bringen. Sie besitzen ein ausgeprägtes Bewusstsein für Ihre eigenen Stärken und zweifeln seltener als andere Denker an Ihren Fähigkeiten. Menschen Ihres Persönlichkeitstyps sind häufig beruflich sehr erfolgreich, da sie Kompetenz und Zielstrebigkeit in sich vereinen. Unabhängige Denker wie Sie sind hervorragende Strategen: Logik, Systematik und theoretische Überlegungen sind Ihre Welt. Sie sind wissbegierig und ständig bemüht, Ihre Kenntnisse auf jedem Gebiet, das Sie interessiert, zu erweitern und zu vervollständigen – nichts macht Sie glücklicher. Abstraktes Denken fällt Ihnen leicht; unter Ihrem Typus finden sich daher besonders viele Wissenschaftler und Computerspezialisten.

Die Entwicklung eigener Ideen und Visionen ist für Sie wichtig. Im Unterschied zu einigen anderen Denkern macht es Ihnen aber auch Spaß, Ihre Konzepte von der Idee bis zur finalen Umsetzung durchgängig selbst zu betreuen und sich an den Ergebnissen zu freuen. Für einen *theoretischen* Typus sind Sie vergleichsweise praxisorientiert und leben nicht wie andere Denker in einem intellektuellen Elfenbeinturm. Theorien ohne Realitätsbezug interessieren Sie nicht. Sie sind brillant darin, die Konsequenzen Ihrer Vorgehensweisen wie auf einem Schachbrett vorauszuberechnen. Haben Sie eine Idee aber dann schließlich für gut befunden, sind Sie von ihr kaum noch abzubringen, sondern verfolgen ihre Umsetzung stur und beharrlich, auch gegen Widerstände. Sie lieben es, möglichst flexibel und im Idealfall überwiegend allein arbeiten zu können. Anderen Menschen Ihre komplexen Gedankengänge erst mühsam verständlich machen zu müssen, ist Ihnen oft zu anstrengend.

Im zwischenmenschlichen Kontakt gehen Sie auch privat nicht leicht aus sich heraus. Die kühle, distanzierte und leicht arrogante Ausstrahlung, die alle Denker haben, ist bei Ihnen noch einen Tick ausgeprägter. Auf andere wirken Sie häufig völlig unerreichbar. Jemanden, der so autonom wie Sie durchs Leben geht, für eine Freundschafts- oder Liebesbeziehung zu gewinnen, ist Schwerstarbeit. Dabei sind Sie im Innersten gar nicht so teilnahms- und emotionslos, wie Sie manchmal scheinen. Gelegentlich verbirgt sich hinter Ihrer Reserviertheit auch ein wenig Enttäuschung über die Zurückhaltung Ihrer Umwelt Ihnen gegenüber. Haben Sie sich aber für jemanden entschieden, sind Sie ein sehr treuer und zuverlässiger Freund oder Partner, der seine Verpflichtungen ernst nimmt und seine Versprechen einhält. Sie zeigen lieber durch Taten als durch Worte, was der andere Ihnen bedeutet: als Problemlöser, kreativer Kopf und sehr kluger Ratgeber in allen Lebenslagen.

Ihre ganz persönlichen Glückstipps …

… zum Thema Liebe und Freundschaft:

Ihre Zurückhaltung in Gefühlsangelegenheiten kann viele Menschen in Ihrem Umfeld ziemlich verunsichern. Sie tun sich schwerer als die meisten anderen Persönlichkeitstypen, jemandem zu vertrauen und sich wirklich zu öffnen. Ihr Gegenüber verzweifelt daher immer wieder an dem Gefühl, nie ganz an Sie heranzukommen. Vor allem Verletzlichkeiten und Schwächen geben Sie nicht preis – driftet ein Gespräch in Richtung Emotionalität, klappen Sie zu wie eine Auster. Es täte Ihren Beziehungen und damit auch Ihrem Glück gut, wenn Sie in dieser Hinsicht öfter über Ihren Schatten springen würden. Ganz isoliert fühlen selbst Sie sich auf Dauer nicht wohl!

Die Unabhängigkeit, die in Ihrer Typenbezeichnung steckt, ist für Sie extrem wichtig. Sie brauchen viel Raum und Zeit für sich allein, um Ihren Interessen ungestört nachgehen und Ihren Gedanken nachhängen zu können. Ein sehr eifersüchtiger und besitzergreifender Partner oder einer, der es als persönlichen Affront wertet, wenn Sie sich immer wieder ganz in sich zurückziehen, ist für Sie daher ein Garant für eine unglückliche Beziehung! Glücklich werden Sie mit einem eigenständigen Partner, der seine Individualität ebenso sehr schätzt und pflegt wie Sie die Ihre.

... zum Thema Ausbildung und Beruf:

In Ihrem Job sind Sie engagiert, motiviert und ehrgeizig. Deshalb sind Sie beruflich erfolgreich, selbst unter für Sie ungünstigen Umständen. Für sich selbst wie auch für andere können Sie aber auch ein ganz schöner Sklaventreiber sein. Zudem ist das Thema Entspannung, wie Sie bereits weiter oben gelesen haben, ohnehin für alle Denker ein kritisches. Prüfen Sie deshalb bitte, ob bei Ihnen die Work-Life-Balance noch stimmt. Es gibt ein Leben außerhalb der Arbeit – wirklich! Diese Einsicht ist wichtig für Ihr Glück!

Ihrer Freiheitsliebe und Ihrem Bedürfnis, möglichst alles selbst unter Kontrolle zu haben, kommen Aufgabenbereiche entgegen, bei denen Sie autonom und flexibel arbeiten können. Selbstständigkeit kann für Sie daher eine gute Alternative sein. Ansonsten sollten Sie innerhalb eines Unternehmens am besten bald eine führende Position oder eine Stabsstelle anstreben, die Ihnen den notwendigen Handlungsspielraum sichert. Von den Denkern sind Sie einer derjenigen, die eher für materielle Anerkennung empfänglich sind. Diese kann Sie allerdings nicht für alles entschädigen – manche Aufgaben wollen Sie partout nicht übernehmen, auch nicht für alles Geld der Welt. Kein noch so beeindruckender Kontoauszug kann in Ihren Augen Langeweile ausgleichen. Eine gute und glücksförderliche Einstellung – bleiben Sie dabei!

Sorgen Sie dafür, dass Sie genügend ungestörte Arbeitszeit für sich allein haben. Leiten Sie beispielsweise regelmäßig Ihr Telefon um und hängen Sie ein «Bitte nicht stören!»-Schild an Ihre Tür. Zur freien Kreativitätsentfaltung ist es für Sie wichtig, dass Sie in Ruhe Ihren Gedanken nachhängen können. Ständiges Chaos und Unruhe um Sie herum wirken auf Ihre Fähigkeiten blockierend. Eine Ihrer Stärken ist Ihre unglaubliche Konzentrationsfähigkeit, die es Ihnen ermöglicht, tief in sehr komplexe Sachverhalte einzudringen – aber nur, wenn Sie nicht dauernd unterbrochen werden.

… zum Thema Entspannung und Freizeit:

Wahrscheinlich haben Sie gerade den Kopf geschüttelt: «Freizeit? Was ist das?» Genau hier müssen Sie im Sinne Ihrer Glücksbilanz ansetzen! Vielleicht fällt es Ihnen leichter, wenn Sie sich klarmachen, dass regelmäßige Erholungspausen letzten Endes Ihrer Leistungsfähigkeit zugutekommen werden. Blockieren Sie Terminfenster in Ihrem Kalender nur für sich selbst und behandeln Sie diese ebenso, wie jeden anderen wichtigen Termin! Die Übung «Eine Verabredung mit mir selbst» im Realisten-Kapitel auf Seite 170 hilft Ihnen dabei.

Sie sind ein gnadenloser Perfektionist. Denken Sie öfter an das Pareto-Prinzip: 80 Prozent eines Ergebnisses werden mit 20 Prozent des dafür nötigen Aufwands erreicht – für die restlichen 20 Prozent des Ergebnisses brauchen Sie die verbleibenden 80 Prozent Aufwand. Auch wenn Ihnen das unglaublich erscheint: In vielen Fällen sind 80-Prozent-Ergebnisse absolut ausreichend. Nutzen Sie die verbleibenden Prozente daher lieber für Ihre Freizeitgestaltung.

In Sachen Sport sind Sie der typische Einzelgänger und Autodidakt. Vereine oder herumbrüllende Trainer schrecken Sie ab. Geben Sie dieser Neigung ruhig nach, aber zwingen Sie sich konsequent, sich ab und zu von Ihren Büchern und dem Computer loszureißen und sich zu bewegen! Sie vernachlässigen Ihre körperliche Fitness oft zu sehr.

Glückstyp Analytischer Denker

Energiedimension:	**introvertiert**
Handlungsdimension:	**spontan**

Analytische Denker wie Sie sind zurückhaltende, ruhige und nachdenkliche Menschen. Sie lieben es, den Dingen auf den Grund zu gehen – Neugierde ist Ihre stärkste Triebfeder. Sie möchten wissen, was die Welt im Innersten zusammenhält.

Viel mehr benötigen Sie zu Ihrem Glück nicht, denn Sie sind ein in materiellen Dingen (!) bescheidener Mensch. Unter Ihrem Typus finden sich viele Mathematiker, Philosophen und Wissenschaftler – Diogenes in der Tonne symbolisiert ihn perfekt.

Widersprüchlichkeiten und Unlogik sind Ihnen ein Gräuel; Muster, Prinzipien und Strukturen dagegen erfassen Sie mit Ihrem scharfen Verstand schnell und umfassend. Vor allem interessieren Sie sich allerdings für Antworten auf grundsätzliche Fragen und theoretische Erkenntnisse. Ihnen geht es nicht darum, diese in die Praxis umzusetzen oder Ihre Überlegungen mit anderen zu teilen – die Erkenntnis als solche ist für Sie das Ziel. Sie arbeiten gern ungestört und allein vor sich hin. Ein Elfenbeinturm ist Ihnen dazu durchaus willkommen, wenn gerade keine Tonne greifbar ist. Ihre Konzentrationsfähigkeit ist ausgeprägter als bei allen anderen Persönlichkeitstypen. Informationen saugen Sie auf wie ein Schwamm. Ihr Gedächtnis für Fakten und Sachverhalte, die Sie interessieren, ist legendär und für Ihre Fachgebiete sind Sie eine wandelnde Enzyklopädie auf zwei Beinen. Was Sie einmal gelernt haben, vergessen Sie nicht wieder. Diese Anhäufung von Wissen und Kompetenz ist das einzige Bestreben, bei dem man Ihnen Maßlosigkeit vorwerfen kann – aber sie macht Sie glücklicher als alles andere.

Um Alltagsbelange dagegen scheren Sie sich wenig. Sie sind der typische zerstreute Professor, dessen Zuhause und Arbeitsplatz gleichermaßen chaotisch aussehen. Mit Banalitäten wie Mittagessen oder tropfenden Wasserhähnen befassen Sie sich nur, wenn Sie es gar nicht mehr vermeiden können. Solange Sie nur nach Belieben in Ihre Geisteswelt abtauchen können, ist Ihnen das weltliche Drumherum unwichtig. Die Anerkennung Ihrer Arbeit durch andere spielt für Sie keine große Rolle, weshalb Ihre Umwelt Sie manchmal für arrogant oder snobistisch hält. Wer aber Ihren Respekt und Ihr Interesse gewinnt, der findet in Ihnen einen geistreichen und sehr intelligenten Gesprächspartner. Als solcher verblüffen Sie durch Ihre ausgezeichnete Beobachtungsgabe, Ihren geschliffenen Sarkasmus sowie Ihren knochentrockenen Humor.

Freundschaften schließen Sie nur langsam, dafür halten diese dann meist ein Leben lang. Ohnehin brauchen Sie nur wenige Menschen um sich; Sie sind sehr gern allein. Ihr Partner muss respektieren und begreifen, dass dies nicht aus mangelnder Zuneigung geschieht, sondern aus einem existenziellen Bedürfnis nach zeitweiliger Einsamkeit heraus. Da Ihnen wenige Menschen wirklich wichtig sind, kommt Ihrem Partner ein umso größerer Stellenwert zu. Romantische Gesten sollte er allerdings nicht von Ihnen erwarten …

Ihre ganz persönlichen Glückstipps …

… zum Thema Liebe und Freundschaft:

Ein Partner wird nach dem ersten frisch verliebten Überschwang aus Ihnen nicht mehr viel an Gefühlsbekundungen und Treueschwüren herauspressen können. Deren Notwendigkeit sehen Sie absolut nicht mehr ein, wenn die Balzphase erst vorüber ist. Emotionen sind Ihnen ohnehin eher suspekt, da unberechenbar (!), und Sie lassen Ihren Partner nur sehr gelegentlich einen Blick in Ihr Innerstes erhaschen. Das verletzt manche Menschen sehr und gibt ihnen das Gefühl, zurückgestoßen zu werden. Auch wenn es Ihnen schwerfällt:

Versuchen Sie hier im Sinne einer auf Dauer glücklichen Beziehung öfter aus sich herauszugehen!

Von allen Denkern sind Sie derjenige, dessen Partner am wenigsten Chancen auf eine Aufmerksamkeit zum Hochzeitstag hat – so etwas ist einfach nicht auf Ihrem Radar. Wer es mit Ihnen langfristig aushalten will, sollte genügend Geduld und Humor mitbringen, um Ihre Zerstreuter-Professor-Mentalität zu tolerieren, mit der Sie sehr wichtige Termine ebenso nonchalant vertrödeln wie Sie alltägliche Anforderungen ignorieren. Vor allem mit einem Typus mit starker *praktisch-planender* Präferenz kann es zu nervigen Reibereien kommen. Mit einem ebenfalls *theoretisch-spontan* veranlagten Typus an Ihrer Seite werden Sie auf Dauer wahrscheinlich glücklicher. Sonst braucht es viel guten Willen und Kompromisse.

... zum Thema Ausbildung und Beruf:

Seien Sie mit Ihren Kollegen etwas geduldiger, als Sie es von Natur aus sind! Ihr brillanter Verstand funktioniert wie ein Uhrwerk in einem Tempo, mit dem die wenigsten anderen Typen mithalten können. Bemühen Sie sich ab und zu, den Menschen in Ihrer Umgebung das Gefühl zu geben, dass Sie sich für sie und ihre Gedankengänge interessieren und ihre Leistungen würdigen. Die meisten Menschen sind sehr viel abhängiger von Lob und Anerkennung als Sie. Gönnen Sie Ihren Kollegen oder Angestellten etwas mehr Wertschätzung, damit machen Sie es allen leichter, auch sich selbst.

Überprüfen Sie, ob es Möglichkeiten gibt, ungeliebte Routinearbeiten abzugeben. Je eher Sie einen Assistenten bekommen, der Ihnen das tägliche Allerlei aus dem Weg räumt, desto besser. Stellen Sie auch sicher, dass Sie für sich ungestörte Arbeitszeiten haben. Für jemanden wie Sie ist Freiraum eine besonders wichtige Quelle der Kreativität. Das gilt auch für Ihre Arbeitszeiten: Wenn Sie hier noch keine Flexibilität haben, prüfen Sie, was machbar ist – das wird Ihre Glücksbilanz deutlich verbessern!

Personalführung gehört nicht zu Ihren größten Stärken. Ihnen ist es schlichtweg zu anstrengend, sich in andere Menschen hineinzuversetzen. Wenn Sie in einer Führungsposition landen – was angesichts Ihrer Fähigkeiten durchaus passieren kann, selbst wenn Sie nicht direkt danach streben – sollten Sie sich in diesem Bereich auf jeden Fall Unterstützung holen, um sich selbst zu entlasten.

… zum Thema Entspannung und Freizeit:

Die Stärkung Ihrer *praktischen* Präferenz als Ausgleich zu ihrer dominanten *theoretischen* Präferenz ist, wie Sie bereits wissen, wichtig für Ihre Entspannung. Wie wäre es mit einem Schokoladen-, Wein- oder Käseseminar, bei dem Sie lernen, einzelne Aromen detaillierter zu unterscheiden? Oder einem Kochkurs? Ihre sinnliche Wahrnehmung zu verfeinern und Ihre Genussfähigkeit damit auszubauen, kann gerade Ihnen eine Menge zusätzlicher Glückspunkte einbringen!

Da Sie mit Autoritäten aller Art ein massives Problem haben und sich ungern etwas sagen lassen, eignen Sie sich Hobbys und Sportarten lieber im Alleingang und autodidaktisch an. Ein Coach hätte mit Ihnen seine liebe Not. Achten Sie aber bitte darauf, nicht planlos von Aktivität zu Aktivität zu hüpfen. Weil Sie so vieles interessiert, stürzen Sie sich zwar anfangs oft mit viel Elan in ein neues Hobby, wenden sich aber dann ebenso schnell wieder davon ab. Versuchen Sie, zumindest im Bereich Sport etwas zu finden, bei dem Sie dauerhaft bei der Stange bleiben. Für Ihre langfristige Zufriedenheit ist regelmäßige körperliche Bewegung als Ausgleich zu Ihrer Kopflastigkeit wichtig. Für Sie sind Sportarten ideal, die Sie allein betreiben und bei denen Sie in Ruhe Ihren Gedanken nachhängen können, etwa Joggen, Langlauf, Schwimmen oder Walken.

Die Idealisten: Glück durch Selbstverwirklichung

Wahrnehmungsdimension: **theoretisch**

Entscheidungsdimension: **fühlend**

Was Idealisten glücklich macht

Die obersten Ziele aller Idealisten sind Selbstfindung und Selbstverwirklichung. Für einen Idealisten, wie Sie es einer sind, stellt das Dasein deshalb eine einzige Suche nach tieferer Bedeutung dar: Wer bin ich? Woher komme ich? Wohin gehe ich? Was ist meine Bestimmung? Damit ist schon der wichtigste Pfeiler für Ihr ganz persönliches Glücksrezept genannt: Lebenssinn!

Eine Antwort auf die existenzielle Frage, «Wozu lebe ich?», zu finden, ist – wie Forschungen der Positiven Psychologie belegen – für alle Menschen ein sehr bedeutsamer Baustein des Glücks. Aber für keinen Persönlichkeitstyp ist dieser Baustein so zentral wie für die Idealisten. Sie brauchen das Gefühl, dass ihr Dasein auf dieser Welt in irgendeiner Weise einen positiven Unterschied macht. Es darf eines Tages nicht gleichgültig sein, ob sie einmal über diese Erde gewandelt sind oder nicht! Diesem intensiven inneren Bedürfnis nach Sinn müssen Idealisten gerecht werden, wenn sie dauerhaft glücklich sein wollen.

Bei der grundsätzlichen *Sinnfindung* brauchen Sie kaum Unterstützung. Es ist ziemlich wahrscheinlich, dass Sie sich mit dieser Frage schon mehr oder weniger ausführlich befasst haben. Sollte dies nicht der Fall sein, blättern Sie doch kurz in das Kapitel der Macher auf Seite 120 und absolvieren Sie dort die Übung «Mein 80. Geburtstag». Woran es bei Idealisten wie Ihnen in Sachen Sinn manchmal hapert, ist eher die konkrete *Umsetzung* dessen, was Sie sich für Ihr Leben vorgenommen haben. Wie alle Typen mit *theoretischer* Präferenz sind Sie von Natur aus sehr gut darin, Ziele und Visionen zu entwickeln. Wenn es dann darum geht, die notwendigen Schritte zu deren Realisierung einzuleiten, sieht die Sache schon anders aus.

Um Günter Radtke, Grafiker und Mitbegründer des «Stern», zu zitieren: «Der Mensch ist ein zielstrebiges Wesen, aber meistens strebt es zu viel und zielt zu wenig.» Damit Sie nicht im Träumen und Planen stecken bleiben, sondern Ihre Träume Wirklichkeit werden lassen, sollten Sie lernen, aus vagen Wünschen präzise Ziele abzuleiten.

Das funktioniert sehr gut mit der sogenannten SMART-Formel. Dabei steht jeder der einzelnen Buchstaben für eine wichtige Ziel-Eigenschaft.

Übung: Träume nicht dein Leben, sondern lebe deinen Traum!

S = *spezifisch*
Formulieren Sie Ihr Ziel so konkret wie möglich. «Ich will etwas Gutes bewirken», ist zu schwammig. Dagegen ist, «Ich werde mich ab sofort jede Woche eine Stunde ehrenamtlich im Tierheim engagieren», ausgesprochen präzise und damit sehr zielführend.

M = *messbar*
Ziele sind nur nützlich, wenn sie messbar sind. «Eine Stunde pro Woche» oder «zehn Stunden im Monat» sind klar überprüfbare Vorgaben – «Ich will mehr Sport treiben» dagegen nicht.

A = affirmativ, aktionsorientiert

Formulieren Sie das Ziel in einem positiven Hauptsatz (Affirmation). Also nicht: «Ich will weniger Fleisch essen», sondern: «Ich esse viermal in der Woche vegetarisch.» Unterteilen Sie Ihr Ziel schließlich in dafür notwendige Aktionsschritte. Welche konkreten Aufgaben müssten Sie für seine Erreichung in Angriff nehmen?

R = realistisch

Liegt das Ziel innerhalb dessen, was Sie im Rahmen Ihrer persönlichen Fähigkeiten und Ressourcen tatsächlich schaffen können? «Ich beende den Hunger auf der Welt» wird schwierig, aber «Ich übernehme eine Patenschaft für ein Kind in der Dritten Welt», ist für viele Menschen durchaus machbar.

T = terminiert

Zuletzt machen Sie klare Vorgaben hinsichtlich des Zeitpunkts, bis zu dem Sie das Ziel erreicht haben wollen, und – ebenso wichtig! – hinsichtlich des Zeitpunkts, ab dem Sie das Ziel in Angriff nehmen wollen. Manchmal ist es auch hilfreich und notwendig, Zeitpunkte für Teilziele auf dem Weg zum großen Ziel festzulegen.

Sie können an dieser Stelle gern einen kurzen Ausflug in das Kapitel über die Realisten machen. Auf Seite 155 finden Sie die Übung «Ehrenamtliches Engagement», die vielleicht auch für Sie im Zusammenhang mit der Frage nach einem sinnvollen

Leben interessant ist. Es gibt schließlich viele Möglichkeiten, seinem Leben Sinn zu verleihen, auch jenseits von Arbeit und Familie. Manchmal braucht es nur einen kleinen Denkanstoß. Wenn Sie sich für ein Ehrenamt erwärmen können, tun Sie gleich in doppelter Hinsicht etwas für Ihre Glücksbilanz. Die Forschung hat eindeutig belegt, dass ehrenamtliches Engagement uns nicht nur Glücksgefühle beschert, sondern sogar eine bessere Gesundheit und eine deutlich erhöhte Lebenserwartung.

Direkt verbunden mit dem Bedürfnis nach einem sinnvollen Leben ist die Neigung aller Idealisten zu einer gewissen Spiritualität. Damit ist keineswegs unbedingt Religiosität in traditioneller Form gemeint, obwohl natürlich auch die klassischen Weltreligionen vielen Idealisten zusagen. Grundsätzlich geht es den meisten von ihnen dabei aber eher um einen allgemeinen Wunsch nach Transzendenz, bei der die Suche nach höheren Mächten und einem größeren Ganzen, in das alles Sein und Tun eingebettet ist, im Vordergrund steht. Dieser spirituellen Komponente Ihres Persönlichkeitstyps sollten Sie ebenfalls ausreichend Aufmerksamkeit schenken und Ihre ganz persönlichen Antworten auf die Frage nach dem größeren Zusammenhang finden. Zahlreiche psychologische Untersuchungen belegen, dass Menschen, die für sich eine Form des Glaubens an ein großes Ganzes gefunden haben, in aller Regel glücklicher sind als Nichtgläubige. Diese Erkenntnis ist für Sie noch wichtiger als für die meisten anderen Persönlichkeitstypen: Ihre Sehnsucht nach dem Absoluten, dem Göttlichen ist ein so wesentlicher Bestandteil Ihres Selbst, die sie keinesfalls unbeachtet lassen sollten. Vielleicht haben Sie für sich bereits einen Zugang zu einer Form der Spiritualität gefunden, der Ihnen guttut. Dann kann ich Sie nur ermutigen, diesen sorgfältig weiter zu pflegen. Möglicherweise haben Sie sich jedoch mit diesem Bereich bisher noch kaum oder gar nicht auseinandergesetzt. Dann empfehle ich Ihnen für den Anfang eine einfache Übung ohne jeden religiösen Überbau. Zwei bis drei Wochen regelmäßig durchgeführt, wird sie einen unmittelbaren Effekt auf Ihr persönliches Glücksempfinden haben.

Übung: Morgen- und Abendritual

Beginnen Sie jeden Tag damit, dass Sie sofort nach dem Aufstehen ans Fenster treten, Läden und Vorhänge oder das Fenster selbst öffnen und den neuen Tag ganz bewusst als ein Geschenk an Sie begrüßen. Halten Sie dazu einen Moment inne und vergegenwärtigen Sie sich die Tatsache, dass es nicht selbstverständlich ist, dass Sie heute Morgen aufwachen durften. Atmen Sie ein paarmal tief ein und aus und freuen Sie sich an den Möglichkeiten, die gerade dieser Tag für Sie bereithalten wird. Machen Sie sich bewusst, dass er einzigartig ist, kostbar und unwiederbringlich.

Beenden Sie jeden Tag damit, dass Sie vor dem Schlafengehen noch einmal einige Minuten innehalten und den Tag vor Ihrem inneren Auge Revue passieren lassen. Was hat Sie heute gefreut, positiv überrascht, zum Lächeln oder Lachen gebracht, vielleicht sogar beglückt? Jede Kleinigkeit zählt: dass die Sonne schien, obwohl Regen vorhergesagt war, dass Ihre Kollegin Ihnen ein Kompliment gemacht hat, dass Sie eine Aufgabe, die Sie sich vorgenommen hatten, gut erledigen konnten. Wenn Sie mögen, notieren Sie sich Ihre kleinen Glücksmomente in einem «Sonnentagebuch», das speziell für diese reserviert ist.

Das Entdecken Ihrer persönlichen Lebensvision, die Hingabe an das Größere, das Sie selbst übersteigt, und – damit verbunden – die Entwicklung Ihrer Spiritualität sind für Sie existenzielle Voraussetzungen zum Glücklichsein. Behalten Sie diesen grundlegenden Aspekt bitte im Hinterkopf, wenn Sie die nachfolgenden Glückstipps für Idealisten in unterschiedlichen Lebensbereichen lesen.

Liebe und Freundschaft

Viele Studien zum Thema Glück belegen, dass kaum ein Faktor die persönliche Lebenszufriedenheit so zuverlässig steigert wie eine funktionierende Partnerschaft. In gewisser Weise trifft dies auf die Idealisten ganz besonders zu: Kein anderer Typus misst der Liebe in seinem Leben einen so hohen Stellenwert bei und kann sich so schwer mit längeren Perioden des Alleinseins abfinden. Wirklich glücklich sind Sie daher nur, wenn Sie einen Partner an Ihrer Seite haben. Anderenfalls fühlen Sie sich im tiefsten Inneren unvollständig. Überlassen Sie deshalb bitte – vor allem in reiferen Jahren – den Aspekt der Partnersuche nicht ganz dem Schicksal. Auch wenn Sie als Idealist natürlich gern an Dinge wie höhere Fügung glauben, helfen Sie Amor etwas auf die Sprünge, wenn er einmal zu lange trödeln sollte. Dazu müssen Sie über Ihren romantischen Schatten springen. Ihnen wäre es sehr viel lieber, wenn die große Liebe ähnlich wie in den Kinoromanzen per Zufall in Ihr Leben stolperte. Gerade hier sollten Sie bewusst daran arbeiten, Ihre etwas unterentwickelte pragmatische, zielstrebige Seite zu stärken. Für Romantik ist ganz sicher noch genug Zeit, wenn Sie Ihr Herzblatt gefunden haben!

Übung: Eine Chance für Amor!
Nehmen Sie gerade in Single-Zeiten bewusst jede Gelegenheit wahr, um neue Menschen kennenzulernen. Die meisten Idealisten haben vielfältige Interessen. Viele von ihnen sind künstlerisch oder musisch begabt oder haben in anderer Hinsicht eine kreative Ader. Auch Literatur, Sprachen und fremde Kulturen faszinieren Idealisten ganz besonders. Überlegen Sie, inwiefern Sie die Pflege dieser Interessen gleichzeitig nutzen können, um neue Kontakte zu knüpfen. Wie wäre es zum Beispiel mit einem Mal-, Zeichen- oder Bildhauerkurs, einer Single-Studienreise oder der Mitgliedschaft in einem Literaturzirkel? Besuchen Sie Vorträge, Lesungen oder Ausstellungsführungen in Museen. Melden Sie sich bei einem Seminar für kreatives Schreiben an. Engagieren Sie sich in einem gemeinnützigen Verein. Auf diese Weise schlagen Sie gleich zwei Fliegen mit einer Klappe, weil Sie auch Ihr Bedürfnis nach einem sinnvollen Leben befriedigen. Bei all diesen Aktivitäten stehen die Chancen ausgezeichnet, Gleichgesinnte kennenzulernen – vielleicht ist Ihr neues Herzblatt darunter?

Online-Dating ist eine sehr gute Möglichkeit der Partnersuche. Gerade für Idealisten, denn ihnen ist das Talent, sich schriftlich auszudrücken, in die Wiege gelegt. Im Internet sind Sie daher in vieler Hinsicht genau in Ihrem Element! Vielleicht haben Sie Lust, Ihr eigenes Internet-Blog anzulegen und so neue Kontakte zu knüpfen? Untersuchungen haben gezeigt, dass Idealisten unter den erfolgreichen, viel gelesenen Bloggern im Internet weit überdurchschnittlich vertreten sind!

Haben Sie Ihren Partner erst gefunden, hängt der Himmel für Sie voller Geigen. Idealisten neigen vor allem zu Beginn einer Beziehung dazu, einen Menschen, den sie anziehend finden oder bewundern, auf ein Podest zu stellen. Das ist zumeist himmelhoch, sodass dem Betreffenden nicht selten selbst ganz schwindelig darauf wird. In ihren Augen ist derjenige vollkommen; nicht der kleinste Makel verunziert seinen Charakter. Voller Begeisterung, Leidenschaft und Fantasie wird der Liebste stürmisch umworben, auf Händen getragen und mit Zärtlichkeit, Aufmerksamkeit und liebevoller Fürsorge überschüttet. Im Prinzip natürlich eine wunderbare Voraussetzung für eine glückliche Beziehung!

Das Ganze wird nur leider problematisch, wenn der erste Gefühlsrausch abgeflaut ist. Nach Absetzen der rosaroten Brille muss der Idealist feststellen, dass er doch offenbar ein menschliches Wesen mit kleinen Schwächen und Fehlern an seiner Seite hat und nicht die Inkarnation eines überirdischen Geschöpfs. Konfliktfähigkeit gehört aber nun leider nicht zu den starken Seiten der Idealisten, im Gegenteil. Insgeheim hängen sie der festen Überzeugung an, dass Friede, Freude und Eierkuchen immer noch das beste Rezept für Zwischenmenschliches darstellen und dass aus einem Streit nie etwas Gutes entstehen kann. Das gilt für Liebes- ebenso wie für Freundschaftsbeziehungen. Die Ursache hierfür ist die besonders stark ausgeprägte *fühlende* Präferenz. Einen Konflikt sachlich und ohne Tränenausbruch bis zum Ende ausdiskutieren? Aber doch nicht mit einem Idealisten wie Ihnen! Sie gehören zu den großen Sensibelchen unter den Persönlichkeitstypen, die jede Kritik gleich als persönlichen Angriff werten und zu allem Unglück auch noch ausgezeichnet das Gras wachsen hören und zwischen den Zeilen lesen können. Harmonie ist Ihr höchstes Gut und von sich aus brechen Sie nicht freiwillig eine Auseinandersetzung vom Zaun. Lieber kehren Sie das, was Sie stört oder unzufrieden macht, ewig unter den Teppich, als ordentlich auf den Tisch zu hauen und für klare Verhältnisse zu sorgen.

An diesem Charakterpunkt sollten Sie auf jeden Fall feilen, um langfristig betrachtet glücklicher zu werden. Da Sie sich als Idealist ohnehin gern mit Ihrer Persönlichkeitsentwicklung beschäftigen, wird es Ihnen nicht schwerfallen, ein für Sie passendes Trainingsprogramm zu entwerfen. Dazu kann entsprechende Lektüre zum Thema Selbstbehauptung und Durchsetzungsvermögen ebenso gehören wie ein gutes Konflikttraining, ein Selbstsicherheitsseminar oder vielleicht sogar die intensive Arbeit mit einem persönlichen Coach oder Therapeuten. Das Ziel: Schritt für Schritt eine gute Strategie entwickeln, die Ihnen hilft, sich für Ihre eigene Person einzusetzen und nicht alle – oder doch zu viele – Bedürfnisse auf dem

Altar zwischenmenschlicher Eintracht zu opfern. Wenn Sie sich diesbezüglich mehr trauen und nicht in jeder Auseinandersetzung gleich das Ende der Welt sehen, wird das Ihre Beziehungen langfristig verbessern und gleichzeitig sehr positiv in Ihrer persönlichen Glücksbilanz zu Buche schlagen! Auch an Ihrer Empfindlichkeit können Sie auf diese Weise arbeiten und sich bewusst darin üben, sich nicht alles sofort zu Herzen zu nehmen. Nachfolgend finden Sie eine kleine Übung, die Ihnen dabei hilft.

Übung: Elefantenhaut

Schließen Sie die Augen und stellen Sie sich vor, Sie hätten magische Kräfte. Mit deren Hilfe lassen Sie nun um sich herum allmählich einen undurchdringlichen Panzer wachsen, der Sie und Ihre sensible Seele bestens vor allem Unangenehmen schützt. Art und Beschaffenheit dieses Panzers dürfen Sie frei wählen – schließlich können Sie ja zaubern. Stellen Sie sich beispielsweise vor, wie sich Ihre eigene Haut langsam, aber beharrlich verdickt, bis sie Sie so fest und schützend umschließt wie die eines Elefanten. Oder Sie lassen um sich herum eine Rüstung aus einem Material entstehen, das Ihnen besonders gefällt – vielleicht aus unzerbrechlichem Panzerglas, Titanium oder gar Diamanten. Natürlich darf Ihr magischer Schutzpanzer auch flexibel sein, ähnlich wie eine Aura, die schützend um Sie herumschwebt. Während Sie sich Ihren Schutzpanzer vorstellen, spüren Sie schon, wie Sie immer unempfindlicher und gelassener auf – reale oder vermeintliche – Angriffe reagieren. Sie prallen einfach an Ihnen ab, ohne Sie zu verletzen.

Nutzen Sie bitte in den nächsten Wochen und Monaten jede kleine Zwangspause, um Ihren unzerstörbaren, für alle anderen unsichtbaren Schutzpanzer so deutlich wie möglich zu visualisieren. Ob an der Bushaltestelle, in der Warteschlange vor der Kasse oder während Sie das nächste Mal im Stau stehen – je öfter Sie die Übung durchführen, desto besser wirkt sie!

Ausbildung und Beruf

Für Sie als Idealist ist auf Dauer nur eine solche berufliche Tätigkeit befriedigend, die Sie für bedeutsam und lohnenswert halten. Letzteres ist dabei keineswegs materiell gemeint! Da Ihr persönliches Wertesystem ausgeprägt und Ihr Bedürfnis nach Sinnhaftigkeit in allen Lebensbereichen stark ist, sollten Sie unbedingt darauf achten, dass dieser Aspekt in Ihrem beruflichen Alltag Platz findet. Eine Tätigkeit, die Sie lediglich zum Broterwerb und ohne Überzeugung – oder noch schlimmer: *gegen* Ihre innerste Überzeugung! – ausüben, ist für Sie ein zuverlässiger Unglücksgarant. Fragen Sie sich, ob Ihr Beruf Sie diesbezüglich genügend befriedigt oder ob hier Veränderungsbedarf besteht.

Sehr gut geeignet sind für Sie alle Berufe, in denen Sie andere Menschen beraten, unterstützen und bei der persönlichen Entwicklung begleiten können, etwa als Lehrer, Berater, Coach oder Therapeut. Ihre Neigung, in jedem nur das Beste zu sehen, macht Sie einzigartig, wenn es um das Aufspüren und Fördern von Potenzialen in anderen Menschen geht. Darüber hinaus verfügen Sie über ein hervorragendes Einfühlungsvermögen und eine ganz besondere Begabung dafür, andere zu motivieren und zu ermutigen. Aber auch viele weitere Berufe können Sie glücklich machen, solange Sie nur den Eindruck haben, etwas bewegen und zum Guten verändern zu können.

Haben Sie beruflich bereits den richtigen Platz für sich gefunden? Wunderbar! Sie haben das Gefühl, dass es Verbesserungsbedarf gibt? Dann prüfen Sie doch bitte, inwiefern Sie in Ihrem bestehenden Arbeitsumfeld Gelegenheiten für sich schaffen können, Ihrer Neigung zur «Weltverbesserung» nachzugehen.

Übung: Beruf als Berufung

- Versetzen Sie sich zunächst gedanklich zurück in Ihre Zeit als Jugendlicher. Erinnern Sie sich an Ihre damaligen Ideale und Träume? Gibt es darunter etwas, das Sie hier und heute – und wenn auch nur teilweise – in Angriff nehmen könnten?
- Können Sie für Menschen Ihres beruflichen Umfelds eine Art Mentorenfunktion übernehmen, indem Sie sich zum Beispiel bei der Ausbildung von Nachwuchskräften einbringen?
- Gibt es firmeninterne Projekte, die im Einklang mit Ihren humanitären Werten und Zielen stehen und bei denen Sie sich engagieren könnten? Wenn nicht: Könnten Sie in Ihrem Betrieb beispielsweise die Übernahme

eines Sponsorings für eine soziale Einrichtung anregen und organisieren?
- Vielleicht engagieren Sie sich im Betriebsrat und finden so Möglichkeiten, sich für andere einzusetzen und betriebliche Gegebenheiten zu verbessern?
- Schreiben Sie sich die fünf Tätigkeiten auf, die Ihnen bei Ihrer Arbeit am meisten Freude bereiten. Was haben all diese Tätigkeiten gemeinsam? Dieser gemeinsame Nenner kann Ihnen einen wichtigen Hinweis darauf geben, was Sie bei Ihrer Arbeit besonders erfüllt. Gibt es Möglichkeiten, gerade diesen Aspekt Ihrer Tätigkeit auszubauen?

In Ihrem bestehenden beruflichen Umfeld sind keine oder nicht ausreichend viele Möglichkeiten vorhanden, um Ihren idealistischen Ansprüchen gerecht zu werden? Dann sollten Sie über eine Fort- oder Weiterbildung und eventuell sogar über einen Berufswechsel nachdenken.

Bei Ihnen als Idealist sind Ihr Interesse an Neuem und Ihr Bedürfnis, ständig dazuzulernen, stark ausgeprägt. Diesen Hunger nach Wissen und Weiterentwicklung ausreichend zu befriedigen, ist deshalb ohnehin ein weiterer wichtiger Baustein Ihres persönlichen Glücksrezepts. Ob privat oder beruflich – achten Sie darauf, Ihr Leben lang immer ein Lernender zu bleiben. Neugier und Offenheit für neue Erfahrungen gehören zu den zentralen Charaktereigenschaften (den sogenannten Signaturstärken), die nach heutigem Stand der Glücksforschung direkt lebenszufrieden machen. Ihnen ist daher eine Qualität in die Wiege gelegt worden, die eine hervorragende Voraussetzung für ein glückliches Leben darstellt. Wenn Sie sie nutzen! Fragen Sie sich, welche zusätzlichen Qualifikationen Ihnen neue Berufsfelder erschließen könnten, die Ihre Sehnsucht nach einer sinnvollen, Sie erfüllenden Tätigkeit besser stillen als bisher.

Prüfen Sie zudem, ob Ihre kreative Seite in Ihrem Beruf ausreichend Raum zur Entfaltung hat. Alle Idealisten sind mit einem ausgesprochenen Sinn für Ästhetik und einem guten Händchen für Gestaltung gesegnet. Dieser Begabung sollten Sie Rechnung tragen. Sie müssen sich deshalb nicht unbedingt gleich einem Leben als hauptberuflicher Künstler verschreiben – obwohl tatsächlich viele berühmte Künstler, Maler, Musiker, Dichter und Schriftsteller dieser Typgruppe angehör(t)en. Idealerweise sollte es aber in Ihrem beruflichen Umfeld Möglichkeiten für Sie geben, Ihrer kreativen Seite freien Lauf zu lassen. Ihr Schaffensdrang und Ihr Schönheitssinn müssen sich austoben dürfen, damit Sie glücklich sind. Überlegen Sie daher auch hier – falls es Verbesserungsbedarf gibt –, wie Sie in Ihrem bestehenden Arbeitsverhältnis zusätzliche Gelegenheiten dafür finden könnten. Sollte dies nicht möglich sein, achten Sie darauf, diesen Aspekt Ihrer Persönlichkeit auf jeden Fall in Ihrer Freizeit umfassend genug auszuleben.

Ein letzter wichtiger Punkt für Ihr berufliches Glück ist das Arbeitsklima: Wie bereits erwähnt, kommen Sie mit zwischenmenschlichen Spannungen und Konflikten aufgrund Ihrer ausgeprägten *fühlenden* Präferenz nur schwer zurecht. Harmonie ist Ihnen wichtiger als den meisten anderen Persönlichkeitstypen. Für Idealisten ist eine starke Wettbewerbsorientierung oder Ellenbogenmentalität im Berufsalltag deshalb ein Garant für Unglück. Es fällt ihnen schwer, andere Menschen unter Druck zu setzen, zu kritisieren oder beispielsweise zu ungeliebten Aufgaben anzuhalten. Achten Sie daher darauf, sich Arbeitsbedingungen zu suchen, die eher von Kooperation, flachen Hierarchien und wenig Konkurrenzdenken geprägt sind, um glücklich zu sein. Zwingen die Umstände Sie, sich in einem Umfeld zu behaupten, das härtere Bandagen von Ihnen fordert, oder befinden Sie sich in einer Führungsposition, die häufig unpopuläre Entscheidungen von Ihnen verlangt, sollten Sie sich ein gutes Coaching zum Thema Konfliktmanagement und Stressbewältigung im Job gönnen. Sie riskieren sonst einen Burnout und/oder extreme persönliche Probleme.

Übung: Durchsetzungsvermögen

Nehmen Sie sich einen Moment Zeit und wandern Sie mit Ihren Gedanken in die Vergangenheit. Erinnern Sie sich an Situationen, in denen jemand etwas von Ihnen verlangte, was Sie nicht tun wollten, und Sie sich erfolgreich dagegen gewehrt haben. Vielleicht hat jemand versucht, eine von Ihnen gesetzte Grenze zu überschreiten? Oder jemand wollte seine Interessen auf Ihre Kosten durchsetzen?

Lassen Sie eine dieser Situationen noch einmal mit allen Details vor Ihrem inneren Auge lebendig werden. Beobachten Sie sich selbst aus der Außenperspektive: Wie haben Sie sich verhalten? Was haben Sie gesagt und getan? Wie klang Ihre Stimme? Wie war Ihre Körperhaltung, Ihre

Ausstrahlung in dieser Situation? Wie haben Sie deutlich gemacht, dass Sie auf Ihrem Standpunkt beharren und nicht nachgeben werden?
Machen Sie sich alle Fähigkeiten bewusst, die Sie zur Verfügung hatten, um nein zu sagen und um Ihre Grenze zu verteidigen. Seien Sie stolz auf diese! Gibt es eine Fähigkeit darunter, die Sie gern ausbauen würden? Wer oder was könnte Ihnen dabei helfen?

Entspannung und Freizeit

Wenn Sie in Ihrem Beruf nicht ausreichend Gelegenheit dazu haben, Ihre kreative Seite auszuleben, sollten Sie dies unbedingt in Ihrer Freizeit tun. In Ihnen steckt ein Künstler, Gestalter, der sich betätigen will! Ihm dies zu erlauben, ist für Ihre Glücksbilanz besonders wichtig. Warum? Weil kreative Prozesse ohne Zweifel besonders gut geeignet sind, in Ihnen das auszulösen, was der Psychologe Mihaly Csikszentmihalyi als Flow bezeichnet hat. Dieser weitere wesentliche Bestandteil menschlichen Glückserlebens entsteht dann, wenn wir in einer Tätigkeit völlig aufgehen und so in sie versinken, dass wir unser Gefühl für uns selbst verlieren und Raum und Zeit um uns herum vergessen. Erinnern Sie sich daran, wie Sie als Kind ins Spiel abgetaucht sind und gar nicht hörten, wie Ihre Mutter Sie zum Essen rief – dann haben Sie das Gefühl sofort wieder präsent.

Für viele Menschen lässt sich Flow im Erwachsenenleben gut über die Beschäftigung mit Hobbys schaffen, die ihnen Freude bereiten. Dabei geht es nicht darum, spektakuläre Resultate oder die perfekte Meisterschaft in dem, was Sie tun, zu erzielen, sondern lediglich um den Spaß an der Sache. Gibt es in Ihrem Leben noch keine Freizeitbeschäftigung, die einen künstlerischen oder gestaltenden Aspekt beinhaltet, sollten Sie eine solche daher für sich ausprobieren, um Ihren Glücksquotienten zusätzlich zu erhöhen.

Übung: Flow

Schließen Sie für einen Moment die Augen und gehen Sie in Ihrer Erinnerung zurück in Ihre Kindheit. Wenn Ihnen das sehr schwerfällt, können Sie alte Fotoalben zu Hilfe nehmen und in ihnen blättern. Suchen Sie in Ihrem Gedächtnis nach einer Situation, in der Sie als Kind ganz in einer Beschäftigung oder in einem Spiel versunken waren. Versuchen Sie, sich selbst als Kind in dieser Situation vor sich zu sehen:

- Was für ein Spiel/eine Tätigkeit ist das?
- Sind Sie dabei allein oder mit anderen zusammen?
- Was zeichnet dieses Spiel/diese Tätigkeit vor allem aus?
- Gibt es in Ihrem Erwachsenenleben Tätigkeiten, die etwas mit dieser Tätigkeit gemeinsam haben? Welche?
- Wenn nicht: Würden Sie gern eine solche einmal ausprobieren? Welche?

Die Übung hilft Ihnen, zu erkennen, welche Merkmale die Aktivitäten aufweisen, die bei Ihnen Flow auslösen. Je mehr Raum Sie für solche und ähnliche Tätigkeiten in Ihrem Leben schaffen, desto besser für Ihre persönliche Glücksbilanz!

Flow-Erleben ist vor allem durch die absolute Konzentration auf den gegebenen Augenblick gekennzeichnet. Das ist ein Grund dafür, warum wir bei einer Tätigkeit, die in uns Flow erzeugt, kein Zeitgefühl mehr haben. Die mangelnde Aufmerksamkeit für das Hier und Jetzt ist ein echter Schwachpunkt aller Idealisten. Als typische Theoretiker unter den Persönlichkeitstypen leben sie oft weit mehr in der Zukunft als in der Gegenwart und konzentrieren sich lieber auf Möglichkeiten und das große Ganze als auf das Vorhandene und dessen Details. Vermutlich bekommen Sie häufiger Sätze zu hören wie: «Na, wo bist du denn schon wieder mit deinen Gedanken?» oder «Du hast doch vorher hoffentlich das Kleingedruckte gelesen?!»

Diese Eigenschaft ist im Grunde die Quelle Ihrer Kreativität und Problemlösefähigkeit und als solche natürlich eine der großen Stärken Ihres Persönlichkeitstyps. Im Sinne Ihrer Glücksbilanz ist es trotzdem sinnvoll, wenn Sie gezielt daran arbeiten, Ihre *praktische* Seite bewusst zu stärken. Auf diese Weise schulen Sie Ihre Aufmerksamkeit für den Moment, denn in genau dieser versteckt sich ein weiterer wichtiger Schlüssel zu einem zufriedenen Leben: das Sich-Vertiefen ins Hier und Jetzt. Hierbei handelt es sich um eine Eigenschaft, die Glücksmomente häufiger werden lässt, sie im Grunde oft erst ermöglicht. Um es mit Thornton Wilders Worten zu sagen: «Ich würde Ihnen raten, nicht nach dem

Warum und Woher zu fragen, sondern Ihr Eis zu essen, ehe es schmilzt.»

Übung: Achtsamkeit im Hier und Jetzt

Konzentrieren Sie Ihre Aufmerksamkeit dreimal täglich für zehn Minuten ganz bewusst auf das, was Sie gerade tun. Sagen Sie zu störenden Gedanken, die Sie mit Vergangenem oder Künftigem ablenken wollen, in dieser Zeit energisch: «Stopp!» Falls dies (noch) nicht klappt, lassen Sie die Gedanken einfach wie Wolken am Himmel an sich vorbeiziehen, aber folgen Sie ihnen nicht.

Einmal am Tag sollten Sie sich zusätzlich einen Gegenstand suchen, der Sie optisch anspricht, etwa eine Blüte, und sich mindestens zehn, besser aber 15 Minuten lang nur auf ihn konzentrieren. Beschäftigen Sie sich mit jedem Detail, das Sie an ihm entdecken können, wie Form, Farbe, Geruch, Textur und Gewicht. Lassen Sie sich auch dabei nicht von anderen Impulsen ablenken.

Sie werden bald feststellen: In dem Maße, wie Sie Ihre Fähigkeit, im Augenblick verweilen zu können, ausbauen, wächst auch Ihre Fähigkeit zu intensivem Erleben, Achtsamkeit und Genuss – und damit zum Glücklichsein!

Ihre *theoretische* Präferenz bei der Wahrnehmungsdimension führt dazu, dass Sie ein sehr kopflastiger Mensch sind. Ihr Körpergefühl ist weniger gut ausgeprägt als das *praktisch* orientierter Persönlichkeitstypen. Wahrscheinlich neigen Sie gelegentlich dazu, Ihren Körper stiefmütterlich zu behandeln und körperliche Warnsignale einfach zu überhören. Alle Persönlichkeitstypen mit theoretischer Präferenz tendieren beispielsweise oft dazu, nebenbei und achtlos zu essen, während sie mit den Gedanken ganz woanders sind. Oder sie vergessen das Essen schlichtweg. Diese Verhaltensweise trifft vor allem auf Singles zu.

In Sachen sportlicher Aktivität schwanken Idealisten oft zwischen Perioden völliger Abstinenz und Perioden extremer Anstrengung. Wenn sie sich einmal dazu durchringen können, sportlich aktiv zu werden, gehen sie viel zu perfektionistisch an die Sache heran und erwarten von sich sofort Höchstleistungen. Können sie diese dann nicht nach ihrem Gusto erbringen, sind sie von sich und der Welt enttäuscht und lassen es gleich wieder ganz bleiben. Auch in anderen Bereichen ihres Lebens ist ihr Perfektionismus oft eine Stressquelle, die sie nur selten durch gezielte Entspannung ausbalancieren oder durch körperliche Bewegung abbauen.

Für Ihr persönliches Glücksniveau ist es sehr wichtig, dass Sie dieser starken Theorielastigkeit an diesem Punkt bewusst entgegensteuern. Auch wenn es Ihnen als überzeugtem Geistesmenschen schwerfällt, das zu glauben: Die Forschung der Positiven Psychologie belegt ganz eindeutig den hohen Stellenwert, den unsere körperliche Befindlichkeit auf unsere seelische Zufriedenheit hat. Studien beweisen zum Beispiel, dass regelmäßiger Ausdauersport fast ebenso effektiv gegen Niedergeschlagenheit und negative Gefühle wirkt wie ein Antidepressivum. Und dass ein gesundes Essverhalten nicht nur Krankheiten vorbeugt, sondern gleichzeitig die Voraussetzung dafür ist, sich mit seinem Körper und seiner Figur richtig wohlzufühlen – das sind Binsenweisheiten, die Ihnen geläufig sind. Springen Sie daher über Ihren Schatten und schenken Sie Ihrem Körper mehr Zeit, Aufmerksamkeit und Zuwendung, als Ihnen das von Natur aus liegt.

Damit es nicht nur bei den guten Vorsätzen bleibt, ist es sehr wichtig, dass Sie nicht *gegen*, sondern *mit* Ihrem Persönlichkeitstyp aktiv werden. Den inneren Schweinehund überwinden Sie leichter, indem Sie sich mit Ihren charakterlichen Präferenzen verbünden und diese dann für sich arbeiten lassen. Lesen Sie daher die Tipps speziell für Ihren Persönlichkeitstyp genau durch. Wenn Sie ihnen – und damit Ihren natürlichen Neigungen – folgen, werden Sie merken, wie viel leichter Ihnen eine entsprechende Lebensumstellung fällt!

Glückstyp Spontaner Idealist

Energiedimension:	**extrovertiert**
Handlungsdimension:	**spontan**

Als Spontaner Idealist sind Sie ein kreativer, lebhafter und aufgeschlossener Mensch; humorvoll und von einer sehr ansteckenden Lebensfreude. Ihre Begeisterungsfähigkeit und sprühende Energie inspirieren andere Menschen und reißen sie mit. Charisma ist Ihnen in die Wiege gelegt. Sie genießen es, mit anderen zusammen zu sein, und stehen gern und oft im Mittelpunkt. Dabei sind Sie aber alles andere als oberflächlich, sondern haben im Gegenteil ein unglaublich feines Gespür für die Gefühle, Motivationen und Potenziale anderer. Kommunikation ist Ihre große Stärke, weshalb Sie ein sehr amüsanter und begabter Unterhalter sind.

Ihre Freunde langweilen sich nie, schließlich können sie mit Ihnen das Leben in vollen Zügen genießen und die besten Partys feiern. Sie sind warmherzig und zugewandt und jederzeit gern bereit, anderen zu helfen. Gelegentlich sind Sie im Umgang mit anderen ein wenig zu impulsiv und stürmisch, was Sie jedoch nie böse meinen. Ab und zu beschwert sich jemand über Ihre Unzuverlässigkeit, wenn es um das Einhalten von Terminen oder gegebener Versprechen geht. Wenn Sie feststellen, dass Sie jemanden versehentlich gekränkt haben, sind Sie tief betrübt und zerknirscht. In solchen Fällen überschlagen Sie sich in Ihrem Bemühen, die Eintracht wiederherzustellen.

Spontane Idealisten sind scharfe und wachsame Beobachter. Ihrer Aufmerksamkeit entgeht nichts. Möglicherweise neigen Sie deshalb zu Überempfindlichkeit und übermäßiger Wachsamkeit und sind innerlich ständig auf dem Sprung. Das Leben ist für Sie ein aufregendes Drama voller Emotionalität – nicht umsonst wählen viele Menschen Ihres Typs die Bühne oder die darstellenden Künste als ihren Beruf. Von himmelhoch jauchzend bis zu Tode betrübt: Das ist für Sie ein vertrautes Muster. Ihre Gefühle fahren gern Achterbahn; anders wollen Sie es aber auch gar nicht. In der Arbeit langweilen Sie sich schnell, wenn sich Dinge wiederholen oder viel Detailarbeit und Sorgfalt gefragt sind. Ihre Kreativität und Originalität kommen am besten in der Konzeption neuer Projekte und Ideen zum Tragen. Die akribische Umsetzung des Ganzen überlassen Sie lieber anderen.

In der Werbungsphase einer neuen Liebesbeziehung reicht Ihnen kein anderer Persönlichkeitstyp das Wasser, denn dann schäumen Sie vor Charme, Zärtlichkeit und Fantasie über!

Leider wird es Ihnen auch hier schnell langweilig, wenn der Reiz des Neuen vorbei ist. Der schnöde Beziehungsalltag strengt Spontane Idealisten an. Viele Menschen dieses Persönlichkeitstyps rutschen daher fast ungewollt von einer Affäre in die nächste, was ihrem langfristigen Glück nicht unbedingt guttut. Schafft Ihr Partner es allerdings, Routine und Gewohntes nicht überhandnehmen zu lassen und Ihre Neugier wachzuhalten, können Sie durchaus auch auf Dauer ein anregender und vor allem sehr liebevoller Partner sein.

Ihre ganz persönlichen Glückstipps …

… zum Thema Liebe und Freundschaft:
Versuchen Sie, Ihren Partner vor allem in der Anfangszeit nicht allzu sehr zu idealisieren, wie es Ihrem Naturell entspricht. Stellen Sie Ihre Ohren nicht automatisch auf Durchzug, wenn gute Freunde eine kritische Bemerkung über Ihre neue Flamme wagen. Mit Abstand werden Sie die Dinge klarer sehen. Dann ist die Enttäuschung im Nachhinein nicht ganz so groß.

Ihre Impulsivität macht einen großen Teil Ihres Charmes aus. Trotzdem wäre es gut, wenn Sie sie ab und zu ein wenig zügeln könnten – vor allem dann, wenn Sie mal wieder schneller reden als denken wollen, was für Spontane Idealisten typisch ist. Um seltener ungewollt in ein Fettnäpfchen zu treten, trainieren Sie bitte gezielt das Zuhören!

Wenn Sie merken, dass Sie in Ihrer Beziehung unruhig und unzufrieden werden, weil der Alltag Sie eingeholt hat und die Schmetterlinge im Bauch nicht mehr ganz so wild mit den Flügeln schlagen: Denken Sie daran, dass das ein normaler

Entwicklungsprozess ist, der sich in jeder weiteren Beziehung früher oder später ebenfalls abspielen wird. Statt hektisch nach einem neuen Partner Ausschau zu halten, sollten Sie lieber gemeinsam überlegen, wie Sie mehr Abwechslung und Spannung in Ihre bestehende Partnerschaft bringen können. Gerade für Sie ist die tiefe Vertrautheit, die nur aus langjährigem Beisammensein erwächst, eine sehr kostbare Glücksquelle! Werfen Sie hierzu einen Blick in das Macher-Kapitel auf Seite 122. Die Übung «Himbeereis zum Frühstück» könnte Ihnen gefallen.

… zum Thema Ausbildung und Beruf:
Achten Sie darauf, sich ein Arbeitsumfeld zu suchen, das nicht sehr hierarchisch organisiert ist und Ihnen viel Freiraum hinsichtlich der zeitlichen und inhaltlichen Gestaltung Ihrer Arbeit lässt. Sie werden nur dann beruflich glücklich, wenn Sie flexibel und spontan erledigen können, was und wie es Ihnen gerade angebracht erscheint. Ihrem Freiheits- und Unabhängigkeitsdrang widerstrebt es ganz gewaltig, sich zu sehr unterordnen und kontrollieren lassen zu müssen.

Wichtig sind für Sie immer wieder interessante Weiterbildungsperspektiven und neue Herausforderungen. Es könnte sich für Sie auch lohnen, einen radikalen Berufswechsel in Betracht zu ziehen oder für eine gewisse Zeit ins Ausland zu gehen. Hin und wieder etwas ganz Neues in Angriff nehmen, das macht Sie glücklich – die goldene Firmenplakette für 25 Jahre Betriebszugehörigkeit dagegen eher weniger.

Eine Ihrer größten Stärken im Arbeitsleben ist Ihre Fähigkeit, eine echte Beziehung zu Menschen herzustellen. Allerdings verlieren Sie mitunter vor lauter Engagement für andere den notwendigen Abstand zu ihnen oder Ihrer Aufgabe. Ihre Einsatzbereitschaft mündet dann im schlimmsten Fall in einem Burnout-Syndrom. Respektieren Sie Ihre Grenzen und holen Sie sich bei Bedarf rechtzeitig professionelle Unterstützung.

... zum Thema Entspannung und Freizeit:

Achten Sie sorgfältiger darauf, Arbeit und Freizeit voneinander zu trennen und Ihre Work-Life-Balance immer wieder zu überprüfen. Menschen Ihres Typs gelingt das oft nur sehr schwer. Ihre Zeitplanung ist ziemlich chaotisch und in Sachen Aufschieberitis sind Sie unschlagbar. Das kreiert oft unnötigen, ungesunden Stress. Ringen Sie sich dazu durch, hier an sich zu arbeiten. Vielleicht mit einem Zeitmanagement-Seminar? Prioritäten zu setzen, kann sehr hilfreich sein. Ein Ausflug ins Macher-Kapitel ist auch an dieser Stelle eine gute Idee: Die Übung «Prioritäten setzen!» auf Seite 132 wird Ihnen von Nutzen sein.

Setzen Sie sich, wenn Sie Sport treiben wollen, kurz- bis mittelfristige und vor allem realistische (!) Ziele. Lassen Sie sich von einem guten Trainer oder einem erfahrenen Freund unterstützen. Spontane Idealisten neigen von allen Typen am meisten zum exzessiven Übertreiben und überfordern sich beim Sport oft hoffnungslos, wenn sie sich etwas in den Kopf gesetzt haben. Dann verlieren sie die Lust an der Sache und schmeißen alles hin. Für ein Energiebündel wie Sie ist es aber wichtig, dass Sie regelmäßig die Gelegenheit zum Auspowern haben.

Kommen Sie Ihrem Bedürfnis nach Abwechslung und Spaß auch in Sachen Sport entgegen, indem Sie etwa unterschiedliche Kurse belegen, neue Trendsportarten ausprobieren oder immer wieder eine andere Laufstrecke wählen. Das erleichtert es Ihnen, langfristig bei der Stange zu bleiben. Die Gesellschaft anderer motiviert *extrovertierte* Menschen wie Sie sehr stark. Tun Sie sich deshalb mit Gleichgesinnten zusammen, statt allein zu joggen.

Glückstyp Engagierter Idealist

Energiedimension:	**extrovertiert**
Handlungsdimension:	**planend**

Engagierte Idealisten wie Sie sind kontaktfreudige, liebenswürdige und hilfsbereite Persönlichkeiten. Sie wirken auf andere sympathisch und inspirierend – vor allem, weil Sie immer bereit sind, die besten Seiten Ihres Gegenübers zu sehen. Ihr Humor, Ihre Energie und Ihr sprühender Optimismus ziehen andere Menschen fast magisch an; Ihrer Ausstrahlung kann kaum jemand widerstehen. Sie sind gut darin, andere von Ihren Ideen und Zielen zu überzeugen und mitzureißen. In Gruppen finden Sie sich daher oft schon nach kurzer Zeit wie selbstverständlich in einer Führungsrolle wieder, selbst wenn Sie diese nicht gezielt angestrebt haben.

Ihr zwischenmenschliches Gespür für Schwingungen und Ihr Einfühlungsvermögen sind ungewöhnlich groß. Sie haben extrem feine Antennen für die Wünsche und Bedürfnisse anderer. In Verbindung mit Ihrer angeborenen Großzügigkeit und Ihrem Bemühen, Ihrem Umfeld stets gerecht zu werden, macht Sie dies zu einem sehr fürsorglichen, aufmerksamen und zugewandten Menschen. Wenn Sie gebraucht werden, sind Sie voller Elan zur Stelle. Leider besteht bei Ihnen genau deshalb immer die Gefahr, dass Sie sich für andere bis weit über Ihre Kräfte hinaus aufopfern und überfordern, sei es beruflich oder privat. Sie lassen sich von egoistischen Menschen häufig viel zu lange ausbeuten. Ein Grund: Es fällt Ihnen äußerst schwer, ein negatives Urteil über jemanden zu fällen oder einen handfesten Konflikt zu riskieren. Zu stark ausgeprägt sind dafür Ihr Harmoniebedürfnis und Ihre Neigung, andere zu idealisieren. Egal, was passiert – für das Verhalten Ihres Gegenübers finden Sie immer eine Entschuldigung. Sie vertrauen unbeirrt auf das Gute in jedermann, selbst wenn Sie vernünftigerweise längst vom Gegenteil überzeugt sein müssten.

Als Engagierter Idealist sind Sie zuverlässig, gut organisiert und lieben es, in komplizierte Situationen und Sachverhalte Struktur zu bringen. Ihr Typus gehört in jeder Hinsicht zu den ausgesprochenen Perfektionisten. Ob im Beruf, in Ihrer Beziehung oder in Ihren Ansprüchen an sich selbst – immer ist Ihnen nur das Beste gerade gut genug. Mit dieser Haltung setzen Sie sich selbst sehr unter Druck. Ein Spielverderber sind Sie deshalb nicht. Im Gegenteil: Freunde und Bekannte haben mit Ihnen sogar jede Menge Spaß, aber eben erst, wenn alle Pflichten erledigt sind. In einer festen Beziehung sind Sie ein sehr treuer, ausgeglichener und liebevoller Partner. Sie investieren viel Gefühl und Energie in Ihre Partnerschaft und tun alles, damit diese Bestand hat. Scheitert sie dennoch, empfinden Sie das als Ihr persönliches Versagen und sind von sich selbst tief enttäuscht. Menschen ebenso wie Gegenstände oder Überzeugungen können Sie nur schwer loslassen. Sie verharren daher manchmal länger in unbefriedigenden Beziehungen, Situationen oder Umfeldern, als es Ihnen guttut. Wenn Sie hier früher den Absprung schaffen würden, täten Sie viel für Ihre Glücksbilanz.

Ihre ganz persönlichen Glückstipps …

… zum Thema Liebe und Freundschaft:
Dass Sie oft lieber zwischen als auf den Zeilen lesen und gern die Flöhe husten hören, macht Sie natürlich zu einem sehr einfühlsamen Partner. Gelegentlich schießen Sie allerdings weit über das Ziel hinaus. Zum Beispiel, wenn Sie in jede Kleinigkeit, die Ihr Partner sagt oder tut, beziehungsweise *nicht* sagt oder *nicht* tut, gleich ungeheuer Bedeutsames hineininterpretieren. Ihre Schlussfolgerungen haben unter Umständen irgendwann nichts (mehr) mit der Realität zu tun. Nur weil Ihr Partner Zeit für sich allein beansprucht oder ein paar Tage mürrisch durch die Gegend läuft, steht Ihre Beziehung nicht vor dem unmittelbaren Aus. Weniger Vermutungen, mehr Gelassenheit und direkte Nachfragen Ihrerseits wirken sich hier sehr glücksfördernd aus.

Wenn Sie in zwischenmenschlichen Beziehungen zu oft zwischen himmelhoch jauchzend und zu Tode betrübt schwanken, sollten Sie daran denken, dass jeder Enttäuschung eine Täuschung vorausgeht. Ob diese tatsächlich von einem anderen Menschen an Ihnen begangen wurde oder sie aus einer Selbsttäuschung entstanden ist, ist dabei unwichtig. So oder so ist eine Enttäuschung im Grunde betrachtet eine gute Sache, denn sie beendet den Zustand der Täuschung. Zudem bietet sie Ihnen ein wichtiges Lernfeld für folgende Fragen:

Waren meine Ziele, Wünsche, Erwartungen realistisch? Wofür könnte die Enttäuschung nützlich gewesen sein? Was könnte mir künftig helfen, Enttäuschungen zu vermeiden?

… zum Thema Ausbildung und Beruf:

Anerkennung im Berufsleben ist für Sie sehr wichtig; weniger in Form materieller Entlohnung als vielmehr in der Würdigung dessen, was Sie für andere tun. Sie möchten als jemand geschätzt werden, der durch seine Tätigkeit einen Beitrag zu einem wichtigen Projekt leistet.

Regelmäßiges Feedback über Sie und Ihre Leistungen ist für Sie daher unentbehrlich und sollte in dem Arbeitsumfeld, das Sie wählen, automatisch gegeben sein. Wenn nicht, fordern Sie es ein!

Ihr Typus gehört zu den *extrovertierten* Idealisten. Sie lieben es, in einer bunt gemischten Gruppe von Menschen zu arbeiten, die Sie interessiert und inspiriert. Die Arbeit im stillen Kämmerlein ist nichts für Sie, eine teamorientierte Aufgabe dagegen genau das Richtige für Ihr Glück. Ihre Sprachgewandtheit, Ihr feines Ohr für Zwischentöne und Ihr fabelhaftes Organisationstalent prädestinieren Sie ebenfalls für solche Tätigkeiten.

Ihre Achillesferse ist die Gefahr, dass Sie vor lauter Engagement irgendwann kaum noch zwischen Ihren eigenen und den Problemen der anderen unterscheiden können. Im schlimmsten Fall erleiden Sie dann einen Zusammenbruch oder werden Opfer eines Burnouts. Hinterfragen Sie bitte in Ruhe und ehrlich Ihre Abgrenzungsfähigkeit und gönnen Sie sich gegebenenfalls Supervision, ein Seminar oder ein Personal Coaching zu diesem Thema.

... zum Thema Entspannung und Freizeit:
Ihr Hang zu übertriebener Selbstkritik ist eine Hauptstressquelle. Im Sinne Ihrer Glücksbilanz müssen Sie hier an sich arbeiten. Beginnen Sie, sich in schwierigen Situationen wie Misserfolgen zu fragen: Wenn das, was mir gerade passiert ist, meinem besten Freund passiert wäre, was würde ich ihm jetzt sagen? Gehen Sie mit sich selbst mindestens halb so nett um wie mit anderen Menschen. Die Übung «Mein liebevoller Begleiter» hilft Ihnen dabei. Sie finden sie im Kapitel über die Realisten auf Seite 168.

Das Ausleben Ihrer künstlerischen Ader ist für Ihr Glück sehr wichtig. Sie können das natürlich bei jeder kreativen Tätigkeit tun. Als *extrovertierter* Idealist sollten Sie aber auf jeden Fall nicht nur über gestaltende, sondern auch über die darstellenden Künste wie Schauspiel, Tanz oder Kleinkunst nachdenken.

Die beste Entspannung finden Sie auf Reisen; auch das am liebsten mit Freunden, Familie oder zumindest in einer Gruppe Gleichgesinnter. Hier sammeln Sie mit Leidenschaft neue Eindrücke über fremde Länder und Kulturen. Gönnen Sie sich das regelmäßig!

Glückstyp Verträumter Idealist

Energiedimension:	**introvertiert**
Handlungsdimension:	**spontan**

Als Verträumter Idealist sind Sie sehr zurückhaltend und wirken daher auf andere schüchtern und reserviert. Ihr reiches Innenleben und Ihre leidenschaftlichen Überzeugungen teilen Sie nur mit einigen wenigen Menschen. Wer Sie aber als kühl und reserviert einschätzt, irrt sich gewaltig. Sie haben ein ausgeprägtes Wertesystem und klare, ehrenhafte Prinzipien, für die Sie bereit sind, hohe Opfer zu bringen. Jeanne d'Arc oder Sir Galahad wären typische Vertreter Ihres Persönlichkeitstyps gewesen. Sind Sie erst für eine Sache oder eine Person entflammt, können Sie zum unermüdlichen Kämpfer werden. Beständig streben Sie danach, die Welt zu verbessern. Dazu gehört, dass Sie anderen gegenüber sehr fürsorglich sind und viel dafür tun, sie zu unterstützen und sich für sie einzusetzen. Menschen und ihre Entwicklungspotenziale bedeuten Ihnen mehr als alles andere.

Lebenspraktische Dinge dagegen gehören für Sie nicht zum wirklich Wichtigen. Mit den profanen Anforderungen des Alltags beschäftigen Sie sich nur, wenn es unumgänglich wird. Tendenziell leben Sie nach der Devise: «Das Genie beherrscht das Chaos!» Das trifft in der Regel auch zu, weshalb Menschen Ihres Typs häufig sehr erfolgreiche akademische Karrieren absolvieren. Details interessieren Sie weniger, Sie richten Ihren Blick lieber auf das große Ganze. Sie behalten daher meist einen guten Überblick, selbst wenn die Dinge hektisch werden. Diese Eigenschaft führt allerdings auch dazu, dass Sie mitunter Wichtiges übersehen oder Dinge schleifen lassen. Hier ist es im Sinne Ihrer Glücksbilanz wichtig, mehr Struktur in Ihren Alltag zu bringen. Sie ersparen sich damit manch unnötigen Stress.

Ob als Freund, Partner oder Arbeitskollege: Sie sind ein ausgesprochen hilfsbereiter, loyaler und integrer Mensch. Verpflichtungen sind für Sie geradezu heilig. Die Gefühle anderer sind Ihnen wichtig und Sie lieben es, andere glücklich zu machen. Das gelingt Ihnen auch oft, denn Sie sind sehr sensibel im Erspüren der geheimen Sehnsüchte und Wünsche Ihrer Lieben, die Sie mit Kreativität und Einfallsreichtum erfüllen. Wenige enge Freunde sind Ihnen genug, denn Ihr Bedürfnis nach Sozialkontakten ist nicht sehr ausgeprägt. Ein gemütlicher Abend zu Hause mit Ihrem Partner oder mit einem guten Buch vor dem Kamin ist Ihnen allemal lieber als eine große Party. Oberflächlicher Smalltalk ist einfach nicht Ihre Sache. Wer mit Ihnen befreundet sein will, muss bereit sein, sich auf tiefgründige Gespräche einzulassen. Der Lohn: eine außergewöhnlich intensive und wertvolle Beziehung. Auch in Herzensdingen geht es bei Ihnen nie Hals über Kopf. Wenn Sie sich verlieben, dann träumen Sie von der großen Liebe für die Ewigkeit – im Grunde ist genau die tatsächlich *der* Schlüssel zu Ihrem Glück.

Ihre ganz persönlichen Glückstipps …

… zum Thema Liebe und Freundschaft:
Aufgrund Ihrer hohen Ansprüche an sich und andere neigen Sie dazu, speziell Ihre Liebesbeziehungen mit idealistischen Ansprüchen zu überfrachten. Ihr Gegenüber fühlt sich daher schnell überfordert oder minderwertig. Es ist für einen Menschen aus Fleisch und Blut wahrlich kaum machbar, Ihren Vorstellungen von Freundschaft, Liebe und Romantik im realen Alltag auf Dauer gerecht zu werden. Machen Sie sich immer wieder bewusst, dass wir alle nur ein Sammelsurium aus Stärken und Schwächen sind – und dass Ideale schon per definitionem unerreichbar bleiben müssen.

Von allen Typen neigen Sie am stärksten zu Selbstvorwürfen, wenn eine Beziehung scheitert. Oft steht dann das Maß

Ihrer Selbstzerfleischung in keinerlei Relation zu Ihrem tatsächlichen Anteil an Verantwortung. Versuchen Sie, sich in solchen Zeiten gerade nicht zu sehr von engen Freunden zurückzuziehen. Holen Sie sich im Gegenteil gezielt Unterstützung – eventuell auch bei einem Therapeuten. Suchen Sie bewusst nach Dingen, mit denen Sie Ihre Seele jetzt am besten streicheln und sich verwöhnen können, statt unbarmherzig mit sich ins Gericht zu gehen.

Von allen Persönlichkeitstypen ist es für Sie am wichtigsten, dass Ihr Partner Ihre Werte und Visionen teilt und in der Lage ist, mit Ihnen in Ihre Innenwelten abzutauchen. Mancher Typus ist dazu nicht tiefgründig genug veranlagt. Dann entsteht in Ihrer Beziehung schnell ein feiner, aber tiefer Riss. Wenn man einem Typus zu einer sehr sorgfältigen Suche nach einem wahren Seelengefährten raten muss, dann Ihnen.

... zum Thema Ausbildung und Beruf:

Sie sind ein sehr zurückhaltender und bescheidener Mensch und es liegt Ihnen nicht, sich in den Vordergrund zu spielen. Das macht Sie einerseits zu einem angenehmen Kollegen. Dieser Charakterzug führt andererseits aber auch dazu, dass andere die Lorbeeren ernten, die eigentlich Ihnen zustünden. Springen Sie ab und zu über Ihren Schatten und sorgen Sie dafür, dass Sie die Anerkennung bekommen, die Sie brauchen und redlich verdienen. Auch wenn Sie um der Sache willen arbeiten: Ein paar Streicheleinheiten hier und da tun Ihrer Seele trotzdem gut.

Da Menschen Sie von Natur aus sehr interessieren, sind Sie ein sehr aufmerksamer und zugewandter Zuhörer. Besonders glücklich macht es Sie, wenn Sie ein Ansprechpartner für

Menschen in schwierigen Lebenslagen sein können. Ihre ausgezeichneten Problemlösefähigkeiten verbunden mit viel menschlicher Wärme prädestinieren Sie beruflich wie privat zum personifizierten Kummerkasten. Beachten Sie hier sorgfältig Ihre eigenen Grenzen und überfordern Sie sich nicht bis zum Zusammenbruch. Damit wäre dann niemandem mehr geholfen.

… zum Thema Entspannung und Freizeit:
Ihrem Typus ist die Fähigkeit des (kreativen) Schreibens in die Wiege gelegt wie kaum einem anderen. Ob Sie schreiben, um Ihrer Fantasie freien Lauf zu lassen, oder ob Sie es zur Bewältigung negativer Emotionen nutzen, ist Geschmackssache. Versuchen Sie es einfach – glücklich(er) macht es Sie so oder so!

Auch andere kreative, künstlerische Tätigkeiten sind für Ihren Persönlichkeitstyp sehr entspannend, allerdings eher solche, die Sie für sich allein betreiben: ein Instrument spielen, zeichnen, malen, fotografieren, töpfern …

Bildbetonte Entspannungsverfahren wie autogenes Training oder angeleitete Fantasiereisen könnten Ihnen gut gefallen. Aber auch für ziel- und zweckfreies Tagträumen sollte in Ihrem Alltag immer genügend Freiraum bleiben.

Ruhezeiten in der Natur sind für Sie eine wichtige Kraftquelle. Suchen Sie sich, wann immer möglich, Gelegenheiten zu Waldspaziergängen, einer Auszeit am Meer oder in den Bergen. Wenn Sie viel Abstand zu allem benötigen: Wie wäre es mit einem Stück Pilgerreise auf dem Jakobsweg? Hauptsache, Sie kommen in Bewegung! Von Natur aus sind Sie nämlich ein Couchpotato. Hier müssen Sie im Sinne Ihre Glücksbilanz gegensteuern.

Glückstyp Harmoniebedürftiger Idealist

Energiedimension:	**introvertiert**
Handlungsdimension:	**planend**

Als Harmoniebedürftiger Idealist gehören Sie zu den vielschichtigsten und kompliziertesten Typen überhaupt. Nur wenige Menschen lernen Sie wirklich kennen. Sie sind von Natur aus sehr warmherzig, Anteil nehmend und einfühlsam. Für Ihre Mitmenschen haben Sie ein gutes Gespür und Sie sind ein sehr guter Menschenkenner. Allerdings macht es Ihnen Ihr zurückhaltendes Wesen schwer, anderen zu vertrauen und sich ihnen zu öffnen. Sie brauchen sehr lange, um mit jemandem warm zu werden. Zum Teil steckt darin auch ein wenig Selbstschutz, denn Ablehnung oder Kritik verletzen Sie tiefer als die meisten anderen Persönlichkeitstypen, weshalb Sie es nur selten riskieren, Ihr Innerstes preiszugeben. Ohnehin lautet Ihr Motto in puncto Freundeskreis: «Weniger ist mehr!» Neuen Kontakten gegenüber sind Sie immer nur begrenzt aufgeschlossen, lieber investieren Sie Ihre Energie in wenige und enge Beziehungen. Ihren hohen Ansprüchen an Freunde und Partner können in der Tat wenige Menschen gerecht werden.

Menschen Ihres Persönlichkeitstyps besitzen eine lebhafte Fantasie, eine nahezu hellsichtige Intuition und sind sehr kreativ. Haben Sie ein Projekt erst einmal in Angriff genommen, setzen Sie alles daran, Ihre Ziele zu erreichen. Im Alltag erweisen Sie sich oft als ausgezeichneter Problemlöser. Sie möchten den Dingen auf den Grund gehen und besitzen eine natürliche Neugier und einen großen Wissensdurst. Gleichzeitig sind Sie aber – für einen *theoretischen* Persönlichkeitstyp! –

vergleichsweise praktisch orientiert, gut organisiert und in der Lage, komplexe Situationen strukturiert und überlegt anzugehen. Wenn Sie sich auf eine Sache konzentrieren, dann zu 100 Prozent. Gelegentlich versinken Sie so in Ihrer Aufgabe, dass Sie alles andere um sich herum vergessen. Das ist das Geheimnis Ihres oft großen beruflichen Erfolgs.

Als Partner sind Harmoniebedürftige Idealisten wie Sie loyal und beständig. Eine dauerhafte Beziehung ist Ihnen sehr wichtig, schnelle Abenteuer dagegen völlig wesensfremd. Treue ist für Sie unabdingbar und einen Seitensprung verzeihen Sie Ihrem Partner nie wirklich, selbst wenn Sie es versuchen. Manchmal tun Sie sich aufgrund Ihrer besonnenen, ein wenig schüchternen Art schwer, Ihre Zuneigung deutlich zu zeigen, obwohl Ihre Gefühle immer tief und echt und Sie ein sehr liebevoller und fürsorglicher Mensch sind. Da Sie Konflikte scheuen wie der Teufel das Weihwasser, sind Sie äußerst kompromissbereit und zögern auch in der Beziehung unter Umständen zu lange, etwaige Missstimmungen zur Sprache zu bringen. Ist Ihnen ein Ziel hingegen wirklich sehr wichtig, können Sie es mit an Sturheit grenzender Beharrlichkeit auch gegen Widerstände durchsetzen. Dann sind Sie zur Überraschung Ihrer Umgebung plötzlich gar nicht mehr so harmoniebedürftig …

Ihre ganz persönlichen Glückstipps …

… zum Thema Liebe und Freundschaft:
Wenn Sie in einer Beziehung leben, tendieren Sie dazu, sich nahezu ausschließlich auf Ihren Partner zu konzentrieren und andere Menschen in Ihrem Leben zu vernachlässigen. Das

kann dazu führen, dass Sie viel länger in einer unbefriedigenden Partnerschaft verharren, als Ihnen guttut. Den Mittelpunkt Ihres Lebens gehen zu lassen, ist Ihnen dann nahezu unmöglich. Es ist daher wichtig, dass Sie auch in Zeiten glücklicher Partnerschaft darauf achten, zumindest einen kleinen Kreis an Freundschaften zu pflegen. Das macht Sie emotional zumindest etwas unabhängiger.

Sie sind ein sehr bescheidener Mensch, der eher dazu neigt, sein Licht unter den Scheffel zu stellen, als mit seinen Fähigkeiten zu prahlen. Ein Partner, der Ihre Gaben schätzt und fördert, ist deshalb eine gute Wahl. Mit ein wenig Ansporn und Lob an Ihrer Seite geht es Ihnen gleich viel besser und Sie trauen sich insgesamt mehr zu. Hüten Sie sich auf jeden Fall vor sehr dominanten, streitlustigen und überkritischen Menschen. Von einem solchen Partner würden Sie sich schneller als die meisten anderen Persönlichkeitstypen entmutigen, unterbuttern und unglücklich machen lassen. Die Folge: Sie haben keine Chance, Ihr persönliches Potenzial zu entfalten.

In stressigen, schwierigen Zeiten haben Sie einen Hang dazu, sich zu stark einzuigeln. Sie glauben dann, den anderen nicht zur Last fallen zu dürfen. Ein Trugschluss, denn gerade Ihre Freundschaften sind von so hoher Qualität, dass sie belastende Situationen ohne Weiteres verkraften. Und Ihre Freunde werden froh sein, etwas für Sie tun zu können. Erwarten Sie bitte nicht immer von allen Menschen um Sie herum, dass sie mit gleich guter Intuition wie Ihrer (im Notfall per Ferndiagnose!) erahnen, wann Sie ihre Unterstützung brauchen. Wagen Sie es, um Hilfe zu bitten – Sie werden sehen, sie lässt nicht lange auf sich warten!

... zum Thema Ausbildung und Beruf:
Trauen Sie Ihrer Fantasie und Ihrem Einfallsreichtum, wenn es um die Entwicklung neuer Dinge geht. Sie haben ein gutes Gespür für zukünftige Trends. Ideen hinsichtlich Ihres Arbeitsgebiets sollten Sie daher Ihrem Chef und Ihren Kollegen mitteilen. Auch im Job neigen Sie eher dazu, sich zu unter- als zu überschätzen. Ein bisschen mehr Selbstvertrauen und Werbung in eigener Sache tun Ihrer Glücksbilanz sehr gut!

Es fällt Ihnen aufgrund Ihrer planenden Präferenz schwer, von einem eingeschlagenen Kurs wieder abzuweichen oder ein gefälltes Urteil zu revidieren. Bemühen Sie sich hier um etwas mehr Flexibilität und Spontanität. Oft ist es wichtig, auch nach einer bereits getroffenen Entscheidung offen für neue Informationen zu bleiben oder einen Plan kurzfristig über den Haufen zu werfen. Betrachten Sie das doch nicht immer gleich als Versagen Ihrerseits oder als unzumutbare Härte des Schicksals, sondern eher etwas spielerischer als willkommene Herausforderung!

... zum Thema Entspannung und Freizeit:
Menschen Ihres Typs neigen dazu, bei Frust, Anspannung, Angst- oder Einsamkeitsgefühlen gern zu größeren Mengen Schokolade, Eiscreme, Nudeln oder anderen typischen Seelenfutter-Kandidaten zu greifen. Das Resultat: Sie ärgern sich im Nachhinein über die zusätzlichen Pfunde auf den Hüften. Auch übertriebener Alkoholkonsum als «Stresskiller» kommt bei Harmoniebedürftigen Idealisten öfter vor. Um genau diesen Mechanismus zu vermeiden, ist es für Sie besonders wichtig, sich alternative Strategien für die Stressbewältigung zurechtzulegen.

Die meisten Harmoniebedürftigen Idealisten entspannen sich bei Hobbys und kreativen Tätigkeiten, die sie allein pflegen: lesen, puzzeln, malen, Musik hören oder machen. Auch das Schreiben von Texten, Gedichten oder Weblogs macht Ihnen wahrscheinlich viel Freude. Daneben sind alle naturnahen Aktivitäten für Sie sehr zu empfehlen, beispielsweise wandern, spazieren gehen, das Zusammensein mit Tieren oder die Arbeit im Garten.

Yoga, Meditation, Tai-Chi und Qigong lege ich Ihnen in diesem Zusammenhang besonders ans Herz. Diese ruhigen Aktivitäten mit spiritueller Komponente sind gerade für Sie wie geschaffen und wunderbar zum Stressabbau geeignet.

Die Macher: Glück durch Tun

Wahrnehmungsdimension: **praktisch**
Handlungsdimension: **spontan**

Was Macher glücklich macht

Alle Macher-Typen teilen zwei wichtige Eigenschaften: Zum einen weisen sie eine sehr dominierende *praktische* Präferenz auf, die aus ihnen bodenständige, realistische Naturen mit feiner Sinneswahrnehmung und gutem handwerklichen Geschick macht. Zum anderen gehören sie zu den Typen mit *spontaner* Präferenz: Sie sind impulsiv, freiheitsliebend und entscheiden am liebsten von Augenblick zu Augenblick.

Ein großes Plus, das alle Macher von Natur aus in Sachen Glück mitbringen, ist ihre einzigartige Fähigkeit, den Moment zu genießen und das Beste aus ihm herauszuholen. «Carpe diem!» – «Nutze den Tag!» – ist ihr erstes wichtiges Lebensmotto. Als Typen mit praktischer Präferenz empfinden Macher sinnliche Reize besonders intensiv. Sie lieben das Schöne, haben ein natürliches Gespür für Ästhetik und brauchen viel entsprechende Stimulation von außen, um sich wohlzufühlen. Die meisten von ihnen sind wahre Gourmets, stecken viel Geld in ihr Zuhause, um es ansprechend zu gestalten, und nutzen auch sonst jede Gelegenheit, sich mit schönen Dingen zu umgeben. Mit einem Macher an der Seite kann man das Leben immer in vollen Zügen auskosten. Er ist ein lebensfroher, experimentierfreudiger und gut gelaunter Gefährte bei allem, was den Augenblick lebenswert macht. Im Hier und Jetzt so intensiv genießen zu können, schlägt in Sachen Glück natürlich sehr positiv zu Buche. Hier muss ich Machern wie Ihnen wahrlich keine Ratschläge erteilen; das beherrschen Sie aus dem Effeff.

Die Kehrseite der Medaille ist allerdings, dass Macher nicht besonders viel Durchhaltevermögen besitzen, wenn die

Dinge schwierig werden. Dazu ist ihre spontane Präferenz zu stark ausgeprägt. Etwas macht keinen Spaß? Etwas funktioniert nicht sofort so, wie man sich das vorgestellt hat? Etwas wird sich erst in fünf, zehn, 20 Jahren auszahlen? Ach nein, dann lieber nicht! Macher haben ein großes Problem damit, sich zugunsten langfristiger Ziele im Hier und Heute einzuschränken, zu disziplinieren und bei der Stange zu halten. Ihre Frustrationstoleranz ist geringer ausgeprägt als bei allen anderen Typen. Wird etwas anstrengend oder langweilig, werfen sie die Flinte rasch ins Korn. Über längerfristige Folgen denken sie selten, und wenn, dann ungern nach. Sie sind deshalb von allen Persönlichkeitstypen am ehesten in Gefahr, in verschiedenen Lebensbereichen eine Zick-Zack-Linie zu entwickeln. Diese lässt selbst bei angestrengtem Hinschauen keinen echten roten Faden erkennen, sondern wird ausschließlich von den spontanen Eingebungen des Augenblicks diktiert. Dabei kommen zwar der Genuss und die unmittelbare Bedürfnisbefriedigung zu ihrem Recht. Auf der Strecke bleiben aber alle Ziele, die einer eher längerfristigen Planung und Anstrengung bedürfen, und von denen doch einige für die dauerhafte Lebenszufriedenheit sehr wichtig sind. Gelegentlich riskieren Macher auf diese Wiese wichtige Güter wie ihre eigene Gesundheit oder zwischenmenschliche Beziehungen.

Übung: Steigern Sie Ihr Durchhaltevermögen!

- Nehmen Sie sich bitte etwas Zeit, je drei berufliche und drei private Ziele zu benennen, deren Erreichung Ihnen in den nächsten fünf Jahren wichtig ist.

- Sortieren Sie die drei Ziele in der Reihenfolge ihrer Wichtigkeit.
- Überlegen Sie bei jedem Ziel, was Sie alles tun müssten, um es zu erreichen. Welches wäre der erste, kleinstmögliche Schritt, um zu beginnen? Welches der zweite? Zerlegen Sie das Ziel in so kleine Häppchen, dass diese ganz einfach zu verwirklichen sind und achten Sie darauf, eines nach dem anderen zu tun.
- Notieren Sie, worauf Sie *verzichten* müssten, um das jeweilige Ziel zu erreichen. Jedes Ziel kostet einen gewissen Preis. Prüfen Sie, ob Sie bereit sind, diesen Preis zu bezahlen. Wenn nicht, müssen Sie Ihr Ziel vielleicht erneut überdenken – aber bitte werfen Sie es nicht einfach über Bord, sondern ersetzen Sie es durch eine modifizierte Version.
- Treffen Sie eine Vereinbarung mit sich selbst: Bis zu welchem Zeitpunkt werden Sie spätestens Schritt 1 in Angriff genommen haben?
- Beschäftigen Sie sich mental immer wieder sehr intensiv mit Ihrem Ziel. Stellen Sie sich vor, wie Sie kritische Situationen auf dem Weg dorthin meistern. Stellen Sie sich in aller Deutlichkeit immer wieder Ihren Zieleinlauf vor. Wie wird es sein, wie sich anfühlen, wenn Sie Ihr Ziel erreicht haben?
- Und ganz wichtig: Belohnen Sie sich für jeden einzelnen, erfolgreich durchgeführten Schritt – nicht erst für das erreichte Endziel! Dokumentieren Sie Ihre Fortschritte.

Als Persönlichkeiten mit *praktisch-spontaner* Präferenz gehören Macher wie Sie zu den typischen Tat-Menschen, deren zweites wichtiges Motto lautet: «Probieren geht über studieren!» Sie dabei anzutreffen, wie Sie stundenlang theoretisch über einem Problem grübeln, ist unwahrscheinlich. Noch unwahrscheinlicher ist es, Sie dabei zu ertappen, wie Sie sich über ein *möglicherweise irgendwann* auftretendes Problem den Kopf zerbrechen. Stattdessen gehören Flexibilität, Improvisationsgabe und eine grenzenlose Risikobereitschaft zu Ihren herausragenden Eigenschaften. Die Art, wie Sie knifflige Situationen meistern, lässt Erinnerungen an MacGyver lebendig werden: Aus zwei Kerzenständern und sonstigen Kleinigkeiten einen Defibrillator zu basteln, wenn einer gebraucht wird, das ist eine typische Macher-Leistung. Dabei sind Macher gleichzeitig sehr realistisch. Sie können in der Regel gut abschätzen, ob eine von Ihnen angesteuerte Lösung Erfolg haben wird. Im Zweifel werden Sie sich aber immer dafür entscheiden, es zumindest zu versuchen. Denn Menschen Ihres Typs hassen nichts mehr als Untätigkeit angesichts einer Herausforderung. Das macht Sie zu einem begehrten Problemlöser und Krisenmanager. Wenn es richtig rundgeht und an allen Ecken brennt, sind Sie der ideale Kommandant.

Was bei all diesem Tatendrang ein wenig auf der Strecke bleibt, ist ein grundsätzliches Reflektieren dessen, was Sie von Ihrem Leben erwarten. Macher sind oft sehr damit beschäftigt, von Tag zu Tag zu leben und Entscheidungen zu treffen. Ihr Terminkalender ist so voll mit den unterschiedlichsten Aktivitäten, dass kaum Zeit bleibt, sich ausführlich mit sich selbst und dem Sinn ihres Lebens zu beschäftigen. Eine Antwort auf die existenzielle Frage, «Wozu lebe ich eigentlich?», zu finden, ist allerdings ein sehr wichtiger Baustein des Glücks, auch für Macher. Schieben Sie die Beantwortung dieser Frage nicht zu lange auf. Wer sich mit ihr erst im hohen Alter auseinandersetzt, wenn ihn die Gewissheit der eigenen Vergänglichkeit bereits unbarmherzig einzuholen beginnt, hat für eventuell notwendige Kurskorrekturen sehr viel weniger Spielraum.

Bitte nehmen Sie sich daher an dieser Stelle Zeit für die nächste Übung und halten Sie die Gedanken, die Ihnen dazu kommen, zumindest stichpunktartig fest.

Übung: Mein 80. Geburtstag

Stellen Sie sich vor, Sie sitzen an Ihrem 80. Geburtstag auf Ihrer Terrasse und blicken auf ein wunderbares Leben zurück. Sie sind ganz mit sich im Einklang und denken: «Ja, so würde ich es wieder machen. Ich habe alles erreicht, was ich wollte. Ich bin absolut erfüllt, zufrieden und überaus glücklich.»

- Auf welche beruflichen Erfolge würden Sie gern zurückschauen?
- Und wie sähe das Privatleben aus, das Sie in diesem Moment so zufrieden macht?
- Welche geheimen Träume und Wünsche hätten Sie sich erfüllt, an die Sie sich in dieser Situation erinnern würden?
- Was würde Ihre Mitmenschen noch lange nach Ihrem Tod positiv an Sie erinnern?

Liebe und Freundschaft

Vor allem in der Flirt- und Balzphase sind Macher wie Sie einfach umwerfend! Sie umwerben den Partner ihrer Wahl so stürmisch, energisch und einfallsreich, dass dieser schon nach kurzer Zeit überwältigt die Waffen streckt. Zu ihrer Unwiderstehlichkeit in dieser Situation trägt vor allem ihr kreatives, großzügiges Wesen bei, das sie mit allen guten Dingen des Lebens verschwenderisch umgehen lässt. Wer einen Macher unter seinen Verehrern hat, wird möglicherweise schon mal sein Auto mit roten Rosen zugeschüttet vorfinden oder seinen Namen samt Liebeserklärung auf einer Plakatwand entdecken. Klotzen, nicht kleckern, ist die Macher-Devise.

Die dominanteste Eigenschaft, die alle Macher-Typen miteinander teilen, ist allerdings ihre *spontane* Präferenz: bloß keine unnötigen Verpflichtungen, Zwänge oder anderen schrecklichen Elemente, die ihren Freiheitsdrang und ihre Impulsivität hemmen könnten! Das gilt auch für die Liebe. Sich auf einen Partner endgültig festzulegen, fällt ihnen verhältnismäßig schwer. Schließlich bedeutet das, so vielen anderen möglichen Optionen für immer Adieu zu sagen! Das soll natürlich nicht heißen, dass Sie keine Beziehungen eingehen oder grundsätzlich bindungsunfähig sind. Für Sie ist es nur unerträglich, wenn Pflicht- und Verantwortungsaspekte in Ihrem Leben überhandnehmen und Ihre Lebendigkeit und Ihren Bewegungsdrang ersticken. Das löst in Ihnen heftige Fluchtimpulse aus.

Ihr Partner tut daher gut daran, Sie an der langen Leine zu lassen und Ihnen nicht das Gefühl zu vermitteln, Sie hätten keine Wahl mehr. Im Normalfall genügt Ihnen die grundsätzliche Gewissheit, dass Sie jederzeit anders könnten, wenn Sie nur wollten, um sehr gut auf Dauer in einer Beziehung bleiben zu können. Bekommen Sie allerdings den Eindruck, in einer Falle gelandet zu sein, werden Sie verzweifelt nach einem Ausweg daraus suchen. Und das, selbst wenn Sie Ihren Partner sehr lieben – nur, um die Vorstellung des Gefangenseins wieder loszuwerden. Für Sie ist es wichtiger als für andere Persönlichkeitstypen, in einer dauerhaften Liebesbeziehung ein wenig vom Zauber und Prickeln des Anfangs aufrechtzuerhalten. Gerade mit zunehmendem Alter ist eine feste Beziehung ein sehr essenzieller Bestandteil Ihres Glücks – viel wichtiger als eine endlose Reihe flüchtiger Abenteuer.

Übung: Himbeereis zum Frühstück

- Achten Sie immer darauf, dass Sie nicht zu sehr mit Ihrem Partner verschmelzen. Symbiose ist das Gegenteil von Erotik – Erotik braucht ein gewisses Maß an Distanz. Getrennte Aktivitäten, ein nicht zu 100 Prozent deckungsgleicher Freundeskreis, das hält die Liebe für Sie besser in Schwung. Wenn Ihr Partner sehr anhänglich ist, erklären Sie ihm, dass er Ihrer Beziehung damit keinen guten Dienst erweist.
- Überraschen Sie sich gegenseitig öfter, indem Sie etwas ganz Verrücktes tun! Eingefahrene Gleise werden Ihnen schnell langweilig. Wie wäre es zum Beispiel mit einem Wochenende pro Monat, das Sie abwechselnd besonders gestalten – ohne dem anderen jeweils bis kurz vorher zu verraten, wie es ablaufen soll? Sollten Sie einen Partner mit *planender* Präferenz haben, wird

er sich damit vielleicht etwas schwertun. Überzeugen Sie ihn trotzdem, sich darauf einzulassen.
- Leben Sie Ihren Spieltrieb ruhig aus – auch im Bett. Ziehen Sie Streichhölzer: Wer das lange hat, bestimmt, wo es heute erotisch langgeht, der andere «unterwirft» sich den Wünschen des Partners. Beim nächsten Mal wird getauscht!

Macher wie Sie lassen gern fünf gerade sein und sehen Verpflichtungen und Verabredungen eher locker. Das kann in zwischenmenschlichen Beziehungen gelegentlich zu Ärger führen, wenn Ihr Gegenüber anders veranlagt ist. Ihr Bedürfnis nach Abwechslung und Flexibilität lässt Sie auf ruhigere Gemüter etwas sprunghaft und manchmal sogar unzuverlässig wirken. Andererseits wird man mit einem Macher an seiner Seite souverän mit jeder unvorhergesehenen Situation fertig – egal, ob das Auto mitten auf einer einsamen Landstraße im Schneetreiben den Geist aufgibt oder das Urlaubshotel wegen Überbuchung kein Zimmer mehr frei hat. Unbekümmert und ohne sich groß über die Unbequemlichkeiten zu ärgern, finden Sie in jeder Lebenslage einen Weg, der oft alle Beteiligten in dem Gefühl zurücklässt, es sei doch eigentlich prima, dass es so und nicht anders gelaufen ist. Viele Menschen wissen diese Fähigkeit an Ihnen sehr zu schätzen.

Dennoch sollten Sie im Sinne Ihrer Glücksbilanz die Qualität Ihrer sozialen Beziehungen ab und zu kritisch unter die Lupe nehmen. Ein tragfähiges soziales Netz hat sich in vielen

Untersuchungen für die persönliche Zufriedenheit als sehr wichtig erwiesen. Das ist kein Wunder, denn wir sind von der Evolution her als Herdentiere angelegt. Soziale Unterstützung ist für uns gerade in schwierigen Zeiten unerlässlich. Das gilt auch dann, wenn Sie zu den *introvertierten* Persönlichkeitstypen zählen und nicht ganz so viele Kontakte benötigen wie extrovertierte Typen. Denn nichts hilft uns allen besser bei der Bewältigung von extremen Stresssituationen, als die emotionale Anteilnahme uns sehr nahe stehender Menschen.Und häufig können diese Freunde uns ja auch ganz praktisch in Notsituationen zur Seite stehen. Darüber hinaus verdoppeln sich aber gute Gefühle auch, wenn wir sie mit anderen teilen können.

Allerdings setzt ein *tragfähiges* soziales Netz Sozialkontakte mit einem gewissen Tiefgang voraus. Ein Sprichwort mahnt nicht umsonst: «Glück macht Freunde, Unglück prüft sie.» Oder, um es mit Marlene Dietrichs Worten zu sagen: «Die Freunde, die man morgens um vier anrufen kann, die zählen.» Bei Ihnen als Macher besteht immer ein kleines Risiko, dass Ihre Sozialkontakte in gewisser Weise oberflächlich bleiben. Wenn das so ist, dann liegt das nicht daran, dass *Sie selbst* oberflächlich wären. Gehören Sie zu den *extrovertierten* Machern, dann hat es eher etwas damit zu tun, dass Sie wahrscheinlich zu viele Kontakte pflegen. Für eine wirklich intensive Beziehung zu den einzelnen Menschen bleibt dann vergleichsweise wenig Zeit. Gehören Sie zu den *introvertierten* Machern, dann liegt es eher daran, dass Sie Ihre Freundschaften wahrscheinlich sehr stark unter das Motto der gemeinsamen Interessen und Hobbys stellen. Dagegen ist im Prinzip nichts einzuwenden. Allerdings: Wenn Sie sich jenseits der gemeinsamen Begeisterung fürs Wildwasserrafting nichts zu sagen haben, entsteht oft keine wirkliche menschliche Nähe.

Übung: Check-up für mein soziales Netz

Bitte beantworten Sie die nachfolgenden Fragen ganz ehrlich!

- Hätten Sie heute – wenn Sie gewollt hätten – die Gelegenheit gehabt, persönliche Probleme mit jemandem zu besprechen?
- Wenn morgen Ihre Wohnung ausbrennen würde: Gibt es in Ihrem Leben wenigstens zwei Menschen, die Sie sofort bei sich einquartieren würden?
- Wie viele Ihrer Freunde und Bekannten kommen mit ihren Sorgen und Nöten als Erstes zu Ihnen?
- Mit wem aus Ihrem Freundeskreis würden Sie am ehesten auch über sehr intime Probleme wie eine sexuelle Störung oder eine Erkrankung sprechen wollen?
- Wen könnten Sie jederzeit «morgens um vier anrufen», wenn Sie vor Kummer nicht schlafen könnten?
- Wenn Sie zurückblicken: Hat die Zahl der Menschen in Ihrem Leben, die Ihnen jetzt gerade beim Beantworten der Fragen eingefallen sind, eher zu- oder eher abgenommen? Woran liegt das?

Die Beantwortung der Fragen hat Sie nachdenklich gestimmt? Dann ist es in Sachen Glück vielleicht eine gute Idee, ein bisschen Arbeit in Ihren Freundes- und Bekanntenkreis zu investieren …

Ausbildung und Beruf

Langes Planen, theoretische Gedankenspielereien oder zu abstrakte und zukunftslastige Aufgabenstellungen sind nichts für Sie. Sie leben gern im Hier und Jetzt und so möchten Sie auch arbeiten. Macher sind von allen Persönlichkeitstypen die krisenfestesten. Sie genießen es, wenn um sie herum scheinbar alles zusammenbricht, denn dann laufen sie zur Höchstform auf. Ihnen kauft niemand so schnell den Schneid ab. Mit Ihrem gesunden Selbstbewusstsein, Ihrem Glauben an sich selbst und Ihrem oft genialen Einfallsreichtum sind Sie gerade in stürmischen Zeiten ein geschätzter und kreativer Kollege und Mitarbeiter. Es ist deshalb nicht verwunderlich, dass viele Macher Berufsfelder bevorzugen, in denen die Krise an der Tagesordnung ist: zum Beispiel im Rettungsdienst, bei der Feuerwehr, in der Notaufnahme des Krankenhauses oder bei der Polizei. Aber auch in allen anderen Positionen, in denen schnelles Reagieren und die Fähigkeit, sich immer wieder auf neue Situationen einzustellen, gefordert sind, fühlen sich Macher glücklich.

Abwechslung und Spannung sind für Sie sehr wichtig. Wird Ihnen Ihr Aufgabengebiet zu langweilig, provozieren Sie (bewusst oder unbewusst) geradezu eine Krise, indem Sie Ihren Terminkalender völlig überfrachten, Angelegenheiten auf die lange Bank schieben oder nachlässig werden. Auf diese Weise versuchen Sie, wieder mehr Action in Ihren Berufsalltag zu bringen, denn ohne ein gewisses Maß an Druck, Herausforderung und Nervenkitzel geht es bei Ihnen auf Dauer einfach nicht. Solche Manöver können aber durchaus danebengehen! Für Sie ist es deshalb besonders wichtig, dass Sie neben Ihrer Arbeit immer genügend Freizeit zur Verfügung haben, in der Sie Ihrer Lust am Nervenkitzel frönen können, ohne Ihren Job aufs Spiel zu setzen.

Übung: Energiekuchen

Zeichnen Sie auf einem Blatt Papier einen Kreis. Tragen Sie in diesen Kreis spontan Segmente ein, die durch ihre Größe anzeigen, wie viel Ihrer Zeit und Energie derzeit in diesen bestimmten Lebensbereich fließt. Je größer das Segment ist, desto mehr Zeit und Energie investieren Sie. Am besten wählen Sie für jedes Segment eine andere Farbe. Die einzelnen Segmente symbolisieren die Bereiche:

- Arbeit
- Partnerschaft
- Familie/Kinder
- Freunde
- Haushalt/Alltagspflichten
- Hobbys, Zeit nur für Sie
- Sport
- Sonstiges

Fertig? Betrachten Sie nun Ihren Energiekuchen in Ruhe. Gefällt er Ihnen? Möchten Sie alle Kuchenstücke so groß oder klein lassen, wie sie aktuell sind? Oder gibt es Veränderungsbedarf? Dann zeichnen Sie in einem zweiten Schritt einen Wunsch-Energiekuchen, der die gewünschten Änderungen widerspiegelt! Welches wäre der erste kleine Schritt, ihn in die Realität umzusetzen?

Für Sie als Macher ist diese Übung sehr hilfreich, weil Sie in Sachen Prioritäten setzen nicht gerade Klassenbester sind und dazu neigen, in einen Tag 36 Stunden zu pressen. Klar, dass Sie sich irgendwann verzetteln und Dinge, die Ihnen wichtig sind, auf der Strecke bleiben. Wiederholen Sie diesen Check-up deshalb regelmäßig, um zu prüfen, ob die Balance stimmt.

Kennzeichnend für alle Macher ist neben den schon genannten Eigenschaften ein sehr ausgeprägter Freiheitsdrang. Zu viel Struktur und Regeln in Ihrem Berufsumfeld sind für Sie eine Qual und ersticken Ihre Dynamik und Kreativität. Sie sind sehr impulsiv und lebendig. Wenn Sie diese Seiten Ihres Wesens nicht ausleben können, fühlen Sie sich unglücklich und eingeengt. Ihre Genialität bei der Problemlösung resultiert zu einem guten Teil aus plötzlichen Eingebungen, die Sie, sobald sie Ihnen durch den Kopf schießen, auch gleich umsetzen möchten. Wenn Sie dann erst mühsam und umständlich den Dienstweg einhalten und diverse Genehmigungen mit drei Durchschlägen einsammeln müssen, erlahmt Ihr Tatendrang schnell. Alles, was mit trockener Pflichterfüllung zu tun hat, was Sie festlegt und Sie zwingt, sich nach genauen Vorgaben zu richten, macht Ihnen keine Freude. Eingeschliffene Vorgehensweisen, Dinge, die «schon immer so gemacht wurden», und dergleichen sind echte Glückskiller für Sie.

Macher wollen in ihrer Arbeit Ergebnisse sehen, und zwar schnell und direkt. Sehr viele Menschen dieses Typs sind geschickte Handwerker oder gestaltende Künstler. Maschinen und Werkzeuge im buchstäblichen und im übertragenen Sinne sind ihre natürliche Verlängerung in die Außenwelt. Ob es sich dabei um ein Skalpell, einen Computer, Hammer und Meißel oder einen Malerpinsel handelt, ist nebensächlich. Es macht Macher glücklich, Werkzeuge einzusetzen und durch sie ihre persönliche Wirksamkeit zu steigern. Der erste Mensch, der auf die Idee kam, einen Stock oder einen Stein zur Jagd einzusetzen, war mit Sicherheit ein Macher. Vor allem bei Tätigkeiten mit Werkzeugen können Macher, die sonst eher ungeduldig sind, plötzlich mit immenser Präzision und Genauigkeit vorgehen.

Mit Misserfolgen können Menschen des Macher-Typs besser umgehen als alle anderen Persönlichkeitstypen. Selbstverständlich geht auch bei Machern mal etwas daneben, aber sie sind zu gegenwartsorientiert und zu pragmatisch, um sich in diesem Fall lange mit Jammern und Klagen aufzuhalten. «Glücklich ist, wer vergisst, was nicht mehr zu ändern ist!», sagen sie sich und nehmen entschlossen das nächste Projekt in Angriff. Das ist im Beruf eines der Macher-Erfolgsgeheimnisse: Während sich andere entmutigt zurücklehnen und in eine mittlere Depression verfallen, sind Menschen wie Sie schon längst dabei, ihre Energien sinnvoller und zielgerichteter einzusetzen. Dadurch verschaffen Sie sich oft einen zeitlichen und inhaltlichen Vorsprung, der nur schwer aufzuholen ist. Und natürlich haben Sie im Grunde Recht: Laut Forschung ist es eine ausgezeichnete Glücksstrategie, sich nicht länger als notwendig in negativen Gefühlen zu wälzen, sondern sich schnellstmöglich wieder dem Positiven zuzuwenden. Ein dicker Pluspunkt auf Ihrem Glückskonto! Ab und zu wäre es allerdings schon nicht schlecht, wenn Sie sich die Zeit nehmen würden, Manöverkritik zu üben. Fehler sind eine prima Sache – wenn Sie sie dazu nutzen, aus ihnen zu lernen! Sie neigen mitunter dazu, über ein Missgeschick oder eine Schlappe zu schnell hinwegzugehen; so eilig haben Sie es, einen neuen Versuch zu starten. Damit verschenken Sie die Möglichkeit, wichtige Lehren zu ziehen, die Ihnen bei späteren Gelegenheiten nützlich sein könnten. Das ist langfristig betrachtet keine gute Glückstaktik!

Übung: Manöverkritik

Beantworten Sie bitte in einer ruhigen Minute folgende Fragen. Sie werden Ihnen zeigen, wie Sie das Lernpotenzial von Fehlschlägen besser ausschöpfen können.

- Welches waren die drei größten Fehler/Misserfolge, die mir in meinem bisherigen beruflichen Leben unterlaufen sind?
- Wobei waren diese hinderlich?
- Was habe ich aus ihnen gelernt?
- Wofür waren sie vielleicht sonst noch nützlich?
- Was bedeuteten mir diese Fehler/Misserfolge zu dem Zeitpunkt, als sie mir passierten?
- Was bedeuten sie mir heute?

Entspannung und Freizeit

Als Macher arbeiten Sie, um zu leben, nicht umgekehrt. Das heißt nicht, dass Sie keinen Ehrgeiz hätten oder gar faul wären, aber instinktiv wissen Sie, dass Ihre Freizeit ein kostbares Gut ist. Deshalb schaffen Sie es besser als viele andere Typen, nicht zum Workaholic zu mutieren, selbst wenn Ihnen Ihre Arbeit viel Freude bereitet. Bei Ihnen kommen Spaß und Erholung nie zu kurz, dazu lieben Sie das Dolce Vita viel zu sehr. Ein weiteres dickes Plus Ihres Typs in Sachen Glück!

Wie Sie bereits erfahren haben, verspüren die meisten Macher einen besonderen Drang nach Herausforderungen. Viele von ihnen lieben Risiken und suchen den Nervenkitzel, indem sie Extremsportarten betreiben oder gefährliche Hobbys pflegen. Am glücklichsten sind sie dann, wenn sie ihre Sucht nach Adrenalin mit ihrer handwerklichen Begabung verbinden können. Das gelingt vielen Machern in ihrer Freizeit sehr gut, indem sie sich für Hobbys wie Sportfliegen, Motorradrennen oder Kartfahren entscheiden. Wenn sie nicht gerade über die Piste brettern oder den Luftraum unsicher machen, sind sie in der Werkstatt, um ihr Objekt der Begierde noch schneller und besser zu machen. Bei solchen Aktivitäten sind sie dann 100-prozentig in ihrem Element und wunschlos glücklich.

Vor allem die *Extrovertierten* unter ihnen sind zudem echte Partylöwen. Ihre Freunde können mit niemandem bessere Feste feiern. Sie sind bei jeder spontanen Aktion immer dabei. Die meisten Macher reisen gern und erkunden leidenschaftlich neue Welten und Kulturen. Gebratene Insekten oder gegrillte Meerschweinchen als Snack? Immer her damit! Keinen Schimmer von der Landessprache? Kein Problem – wozu hat man schließlich Hände und Füße? Darüber hinaus sind alle Macher meist sehr naturverbundene Menschen. Nach ihren Hobbys gefragt, nennen viele von ihnen Aktivitäten, die im Freien stattfinden. Sport ist für alle Macher ein ganz wichtiges Ventil, denn sie sind von Natur aus so energiegeladen, dass sie die regelmäßige Gelegenheit zum Auspowern brauchen wie kaum ein anderer.

Auch wenn Sie es wahrscheinlich ungern lesen: Ihrer Glücksbilanz bekäme es in Sachen Freizeit gut, wenn Sie ein klein wenig auf die Bremse treten würden. Alle Macher leiden unter der beständigen Sorge, sie könnten etwas verpassen – und verpassen gerade dadurch einiges an Zufriedenheit! Ihr ständiger Erlebnishunger und ihre vielen Interessen führen schnell zu Freizeitstress. Bei den *extrovertierten* Machern verstärkt sich dieser Effekt noch durch ihren Hang zur Geselligkeit. Es scheint ihnen unmöglich, zu einer spontanen Verabredung nein zu sagen, selbst wenn sie damit ihren kompletten Zeitplan über den Haufen werfen. Auf diese Weise setzen sich Macher in ihrer Freizeit oft stärker unter Druck, als es ihnen guttut. Statt Glück empfinden sie dann irgendwann Rastlosigkeit. Lernen Sie, an der Prioritätensetzung zu feilen, um dadurch sehr viel entspannter durchs Leben zu gehen.

Übung: Prioritäten setzen!

- Gewöhnen Sie sich an, nur 50 Prozent Ihrer Freizeit zu verplanen. Der Rest ist Pufferzeit. Es kommt ohnehin noch genug Unerwartetes hinzu ...
- Setzen Sie sich für Ihre Aktivitäten klare Zeitlimits und halten Sie sich daran.
- Zwingen Sie sich, einen Monat lang jeden Abend eine kurze schriftliche (!) Bestandsaufnahme vorzunehmen. Stichpunkte reichen für die Beantwortung folgender Fragen:

Wie geht es mir gerade? Habe ich den heutigen Tag auch so genutzt, wie ich wollte? Fühle ich mich gut, erholt, zufrieden? Oder eher genervt, gestresst, überfordert? Was mache ich künftig genauso? Worauf hätte ich heute verzichten können? Was habe ich heute vermisst?

Ziehen Sie am Ende des Monats anhand Ihrer Aufzeichnungen eine Bilanz und entscheiden Sie, ob Sie Ihre Prioritäten anders setzen wollen. Diese Tipps zur Zeitplanung können Sie zudem sehr gut im beruflichen Bereich nutzen. Auch hier werden sie Ihnen helfen, Ihre Glücksbilanz zu verbessern.

Macher wie Sie sind großzügige Naturen: Ob Geld, Zeit oder Zuwendung, Geiz ist Ihnen in jeder Hinsicht fremd. Sie sind ein Lebemensch, wie er im Buche steht. Sie geben Ihren Launen und Gelüsten gern nach und gönnen auch anderen alles Schöne und Gute im Leben. Dass Sie ein Meister des Genießens sind, wissen Sie schon – und dass diese Begabung ein großes Stück zu Ihrem Glück beiträgt, ebenfalls.

Gelegentlich neigen Sie allerdings dazu, zu sehr über die Stränge zu schlagen. Das ist Ihrem Glück nicht unbedingt förderlich, zumindest nicht langfristig. Macher haben einen Hang zu Exzessen. Sie übertreiben es gern entweder mit dem Essen, Trinken, Rauchen und sonstigen Genussmitteln, oder indem sie sich bei sportlichen Aktivitäten völlig überfordern. Auch die Finanzen vieler Macher geraten häufiger in eine bedenkliche Schieflage, weil sie das Geld gern mit vollen Händen ausgeben. Grenzen jeder Art können sie nur schwer akzeptieren. Gegen diese rebelliert neben ihrem Drang nach Freiheit und Selbstbestimmung ihre Genussfreude.

Was Macher dabei leicht übersehen: Genuss lebt unter anderem gerade von seiner Begrenzung! Wir genießen besonders das, was *nicht* selbstverständlich, *nicht* täglich verfügbar ist. Im Exzess liegt letzten Endes kein Genuss mehr. Wenn Sie rastlos von einem Erlebnis zum nächsten hetzen und die Reizintensität zunehmend steigern müssen, können Sie den einzelnen Moment nicht mit allen Sinnen wahrnehmen. Dabei liegt gerade hierin ein wichtiger Schlüssel zu Ihrem ganz persönlichen Glück. Darum an dieser Stelle vier sehr wichtige Glückstipps zum Thema Genießen:

Übung: Genusstipps für Macher

- Genuss braucht Zeit! Stress und Hektik hindern Sie daran, den Moment voll auszukosten. Schaffen Sie sich gezielt Freiräume und planen Sie in Ihren Tagesablauf regelmäßig Genussmomente ein.
- Genießen Sie bewusst! Das Glas Wein neben dem Fernseher und die Schokolade neben dem Computer sind kein Genuss. Konzentration ist angesagt! «Nebenbei» genießen funktioniert nicht. Etwas, das Ihnen Genuss bereitet, hat Ihre volle Aufmerksamkeit verdient. Lesen Sie sich hierzu die Übung «Achtsamkeit im Hier und Jetzt» auf Seite 94 des Idealisten-Kapitels durch.

- Genießen Sie lieber weniger, aber richtig! Maßhalten statt eines Überangebots an Reizeinwirkungen lautet die Devise. Beschränken Sie sich bewusst auf weniger, aber dafür umso intensivere und qualitativ hochwertige Genusserlebnisse. Sättigung schließt Genuss aus!
- Askese kann das Genusserlebnis steigern. Üben Sie ab und zu Enthaltsamkeit! Die ersten frischen Erdbeeren des Jahres, der erste Biss in den Apfel nach einer Woche Fasten – das sind unvergleichliche Genusserlebnisse.

Glückstyp Lässiger Macher

Energiedimension:	**extrovertiert**
Entscheidungsdimension:	**fühlend**

Lässige Macher sind freundliche und fröhliche Zeitgenossen. Sie genießen es, mit anderen Menschen zusammen zu sein. Von allen Persönlichkeitstypen sind Sie der lockerste, im Umgang unkomplizierteste und verspielteste. Unbekümmertheit ist Ihr Markenzeichen. Gewandt, beredt, geistreich und charmant wie Sie sind, stehen Sie gern im Zentrum der Aufmerksamkeit. Das Alleinsein liegt Ihnen dagegen nicht. Ihre Lebensfreude sorgt dafür, dass sich andere in Ihrer Gesellschaft automatisch wohlfühlen und Sie immer leicht Anschluss finden. Viele Menschen Ihres Typs schaffen es, aus ihrem ganzen Leben eine einzige große Party zu machen. Flexibel und kreativ passen Sie sich jeder Situation an. Langeweile kommt in Ihrem Umfeld nicht auf, dafür sind Sie viel zu gut darin, andere mitzureißen und mit Ihrer guten Laune und Ihrem Optimismus anzustecken. Oft haben Sie das Haus voller unterschiedlicher Gäste und genießen den dabei entstehenden Trubel von Herzen.

Auch im Beruf lieben Sie es, wenn es richtig rundgeht und Sie Ihre zupackende Art ausleben können. Der Umgang mit anderen Menschen, Kommunikation und ein nettes kollegiales Klima sind für Sie dabei sehr wichtig. Harmonie hat für Sie als *fühlenden* Typus einen zentralen Stellenwert. Sie bevorzugen eine Arbeitsumgebung ohne Intrigen und politische Klüngeleien, in der wenig Ellenbogen zum Einsatz kommen und mehr Kooperation als Konfrontation gefragt ist. Ein abwechslungsreiches, Sie immer wieder neu forderndes und inspirierendes Arbeitsgebiet ist genau das Richtige für Sie. Auch in der Freizeit sind Sie selten ohne Beschäftigung; aufgrund ihrer offenen, neugierigen Art haben Lässige Macher viele verschiedene Interessen. Ihr ausgezeichneter Geschmack und Ihr Gefühl für Ästhetik und Gestaltungsmöglichkeiten kommen vor allem in kreativen Berufen und Hobbys zum Tragen.

Als Freund sind Sie großzügig, warmherzig und hilfsbereit und begegnen den Menschen in Ihrem Umkreis sehr tolerant. In weniger wichtigen Dingen geben Sie gern Ihren *spontanen* Launen und verrückten Einfällen nach. Das lässt Sie auf ruhigere Gemüter manchmal etwas unberechenbar und unzuverlässig wirken. Kommt es jedoch darauf an, können Ihre Freunde 100-prozentig auf Sie zählen. Als Lebenspartner sind Sie einfallsreich und leidenschaftlich, solange Ihr Partner Ihre Aufmerksamkeit zu fesseln weiß. Langeweile, Konflikte oder

Routine ertragen Sie kaum. Wenn eine Beziehung zu schwierig wird oder zu viel Aufwand erfordert, ziehen Sie sich vergleichsweise schnell zurück. Sie möchten in der Liebe wie im Leben genießen, nicht sich anstrengen müssen. Ihr Typus gilt nicht umsonst als derjenige, der am ehesten mit einem Seitensprung kokettiert, wenn das Prickeln nicht mehr taufrisch ist.

Ihre ganz persönlichen Glückstipps …

… zum Thema Liebe und Freundschaft:
Sie sind als Freund und Partner sehr hilfsbereit. Wenn jemand Ihre Unterstützung braucht, sind Sie jederzeit willens, alles stehen und liegen zu lassen. Es besteht eher die Gefahr, dass Sie diesbezüglich (sowohl energetisch wie finanziell) weit über Ihre Verhältnisse investieren, als dass Sie sich hinsichtlich Zeit, Zuneigung oder Geld knickrig zeigen. Ein schöner Charakterzug – aber achten Sie bitte darauf, dass Sie sich nicht völlig verausgaben. Wenn Sie an jemanden geraten, der Sie ausnutzt, merken Sie das oft erst zu spät.

Ihr wundester Punkt in Liebe und Freundschaft ist zweifellos Ihre Unfähigkeit, mit Konflikten auch nur annähernd konstruktiv und souverän umzugehen. Diesbezüglich sind Sie kein typischer Macher! Kritik an Ihrer Person verletzt Sie schnell und Sie vergessen sie lange nicht. Was Disharmonie angeht, reagieren Sie daher gern wie der sprichwörtliche Vogel Strauß: Sie stecken den Kopf in den Sand und tun so, als gäbe es Sie nicht. Nichts hassen Sie mehr als Streitigkeiten. Sie können sie nicht aushalten, Sie wollen sie nicht aushalten. Nur um ihnen zu entgehen, beenden Sie unter Umständen sogar eine im Großen und Ganzen gute Beziehung. Blättern Sie im

Sinne Ihrer Glücksbilanz deshalb doch ins Idealisten-Kapitel und wildern Sie dort ein bisschen: Die Übungen «Elefantenhaut» (Seite 85) und «Durchsetzungsvermögen» (Seite 90) werden Ihnen guttun!

... zum Thema Ausbildung und Beruf:
Als *extrovertierter* Mensch sind Sie ein typischer Teamplayer. Sie lieben den Umgang mit Menschen. Auch hierbei sind Abwechslung und Neues für Sie inspirierend und reizvoll, sodass es nie genug soziale Kontakte sein können. Karriere und Status kommen für Sie an zweiter Stelle. Wenn es sich so ergibt, sind Sie nicht abgeneigt, aber sich dafür verbiegen – nein danke! Eine gesunde und glücksfördernde Haltung, zu der ich Ihnen nur gratulieren kann.

Alles Schöne und Harmonische zieht Sie magisch an. In Verbindung mit Ihrem Gespür für Menschen und Ihrer ungewöhnlich großen Fähigkeit, auf sie einzugehen, lässt Sie Ihr Sinn für Gestaltung und Ästhetik in allen Dienstleistungsberufen weit überdurchschnittliche Erfolge erzielen. Vor allem, wenn es darum geht, das Leben anderer zu «verschönern», kann Ihnen niemand so schnell das Wasser reichen. Dabei sind Sie glücklich und ganz in Ihrem Element, egal, ob Sie sich zum Beispiel als Sozialarbeiter engagieren oder sich für Innenarchitektur oder Design entscheiden. Zu viel Verwaltungs-, Büro- und Routinetätigkeiten dagegen sind für Sie probate Glückskiller.

... zum Thema Entspannung und Freizeit:
«Weniger ist mehr!», möchte man Ihnen hinsichtlich Ihrer Freizeitgestaltung gern zurufen. Ihr hoher Aktivitätslevel, Ihr

Erlebnisdrang und Ihre dauernde Angst, etwas zu verpassen, führen fast zwangsläufig zu einer Menge Freizeitstress. Bei Ihnen ist dieser Aspekt noch ausgeprägter als bei allen anderen Machern. Die Übung «Prioritäten setzen!» auf Seite 132 ist für Sie deshalb besonders wichtig.

Sie sind extrem impulsiv und riskieren damit gesundheitlich, finanziell, persönlich, beruflich und in Ihren Beziehungen oft sehr viel. Ihre Spontanität ist ein wichtiger Bestandteil Ihrer Persönlichkeit und soll es ruhig bleiben. Setzen Sie Ihre dauerhafte Zufriedenheit jedoch nicht immer wieder für einen Augenblick der Intensität aufs Spiel. Speziell Suchtmittel aller Art sind für Sie und Ihr (echtes) Glück sehr gefährlich!

Da Sie physische Reize stark wahrnehmen, lassen Sie sich leicht von ungünstigen inneren oder äußeren Bedingungen wie Müdigkeit oder Kälte von sportlicher Aktivität abhalten. Das ist schade, da sie für Sie ein wichtiges Ventil ist. Nehmen Sie sich zum Trainingsbeginn vor: Zehn Minuten mache ich auf jeden Fall, danach kann ich immer noch aufhören, wenn es gar nicht geht. Das hilft Ihnen, in die Gänge zu kommen.

Glückstyp Energischer Macher

Energiedimension:	**extrovertiert**
Entscheidungsdimension:	**logisch**

Als Energischer Macher sind Sie ein lebenslustiger, *spontaner* und impulsiver Mensch. Sie sind charmant, voller Elan und Tatendrang. Auch in schwierigen Situationen bewahren Sie einen kühlen Kopf und die Übersicht. Das macht Sie zu einem begehrten Problemlöser, privat wie beruflich. Ihre Fähigkeit, unterschiedlichste Informationen blitzschnell aufzunehmen und zu verarbeiten, ist phänomenal. Langes Grübeln über die Konsequenzen liegt Ihnen nicht: Sie erfassen alle relevanten Fakten auf einen Blick, treffen eine pragmatische Entscheidung und setzen diese entschlossen um. Stellt sie sich später als falsch heraus, können Sie immer noch umdisponieren. Sie lieben es, mit anderen Menschen zusammen zu sein, und sind ein lebhafter, sinnenfreudiger und amüsanter Gesellschafter. Fun und Action ziehen Sie magisch an. Sie brauchen den Kick – möglichst zusammen mit anderen Menschen. Viele Vertreter Ihres Typus betreiben gefährliche Hobbys oder Extremsportarten.

Auch in der Arbeit suchen Sie vor allem Spaß und Abwechslung. Routine, Sicherheit und Berechenbarkeit langweilen Sie zu Tode. Adrenalin ist Ihr Lebenselixier, denn erst Katastrophen bringen Ihre Stärken so richtig zum Vorschein. Sie reagieren flexibel und effektiv auf neue Herausforderungen und schöpfen aus Ihrem unerschütterlichen Selbstvertrauen die Zuversicht, dass Sie sie schon meistern werden. Sie bevorzugen praktische Tätigkeiten, bei denen am Ende ein sichtbares Resultat steht. Endlose Diskussionen mit Mitarbeitern gehen Ihnen auf die Nerven und auch für zwischenmenschliche Feinheiten fehlt Ihnen die Geduld, obwohl Sie gern im Team arbeiten. Am liebsten sagen Sie ohnehin, wie etwas gemacht werden soll, und basta! Auf andere wirken Sie dabei gelegentlich rücksichtslos und angriffslustig, was Sie in Kauf nehmen, wenn Sie ein Ziel erreichen wollen. Ihr Erfolgsrezept als Chef: Sie denken eher aufgaben- als mitarbeiterorientiert. Sie halten Ihre Freunde mit Witz, Esprit und Schlagfertigkeit in Atem.

Sie haben einen großen Bekanntenkreis, in dem Sie oft tonangebend sind, bleiben aber in Ihren Beziehungen häufig ein wenig unverbindlich. Als Lebenspartner brauchen Sie viel Freiraum und fühlen sich schnell eingeengt, wenn Ihr Partner zu sehr klammert. An der langen Leine gelassen, sind Sie ein großzügiger, fröhlicher und einfallsreicher Lebensgefährte, mit dem man viel Spaß haben kann. Sie gehen Konflikten nicht aus dem Weg, sondern sprechen sie offen an. Schließlich sind Sie als *logischer* Typus nicht auf Harmonie angewiesen, um glücklich zu sein. Bei Ihnen kann es gelegentlich heftig hergehen, ein ordentlicher Krach ist Ihnen allemal lieber als tagelanges unterschwelliges Schmollen. Ein Gewitter reinigt schließlich die Luft!

Ihre ganz persönlichen Glückstipps …

… zum Thema Liebe und Freundschaft:
Sie brauchen zum Glücklichsein einen Partner, der Ihnen mit viel Toleranz und Verständnis für Ihr Freiheitsbedürfnis und Ihren Hang zum Genießen begegnet. Wer versucht, Sie an die Kette zu legen, verliert Sie. Achten Sie bei der Partnersuche darauf!

Von allen Machern haben Sie in Sachen Finanzen das beste Gespür, wenn es darum geht, Chancen zu nutzen und Kapital zu vermehren. Allerdings fahren Sie auch hierbei häufig eine Hochrisiko-Linie, die sicherheitsliebenden Typen schlaflose Nächte beschert. Kein Problem, solange Sie nur für sich selbst Verantwortung tragen. In einer Partnerschaft kann dieser Wesenszug jedoch eine Quelle häufiger Konflikte sein. Achten Sie in diesem Bereich zugunsten einer glücklichen Beziehung mehr auf Stabilität. Bestehen Sie eventuell auf getrennten Kassen und entsprechenden Arrangements, damit Ihrem Partner wegen einer potenziellen finanziellen Bauchlandung keine grauen Haare wachsen.

Mit einem hoch sensiblen Partner, der verlangt, dass Sie Stimmungen erspüren, zwischen den Zeilen lesen und sich ständig einfühlsam auf seine Gemütslage einstimmen, werden Sie nicht glücklich. Sie selbst sind viel zu direkt, als dass Sie Geduld mit Typen hätten, die hier mal eine halbe Andeutung und dort mal einen Seufzer von sich geben und dann beleidigt sind, wenn Sie nicht richtig auf diese Signale reagieren. So jemand würde Ihnen immer vorwerfen, dass Sie nicht genügend auf ihn eingehen und ihn nicht verstehen. Sie wären dauernd genervt und verärgert. Sehr viel besser kommen Sie mit Typen klar, die so offen und lebensfroh veranlagt sind wie Sie selbst.

… zum Thema Ausbildung und Beruf:

Langfristige Planung geht Ihnen zwar sehr gegen den Strich – trotzdem ist sie in Sachen Beruf sinnvoll. Gerade Ihr Typus läuft gelegentlich Gefahr, ein Leben lang von einer Position zur nächsten zu trudeln, wie es sich gerade ergibt. Dagegen ist grundsätzlich nichts einzuwenden. Sie verschenken dabei allerdings Karriere- und Erfolgsmöglichkeiten und eventuell wirkliche Zufriedenheit. Die Übung «Steigern Sie Ihr Durchhaltevermögen!» auf Seite 117 ist für Sie daher von ganz besonderer Bedeutung.

Übertreiben Sie es mit Ihrer Durchsetzungsstärke und Ihrem energischen Auftreten nicht! Manche Menschen fühlen sich von Ihrer direkten Art überfahren, im schlimmsten Fall verletzt oder vor den Kopf gestoßen. Das macht das Miteinander im Arbeitsleben dann nicht gerade einfacher. Mehr Taktgefühl und Zurückhaltung können Ihnen hier insgesamt nicht schaden, auch wenn Sie es nie böse meinen.

Sie experimentieren auch im Privatleben gern mit neuen Aktivitäten und haben viele Interessen. Dafür sollte in Ihrem Leben immer genügend Platz sein, auch wenn Sie sehr in Ihrer Arbeit aufgehen können. Einem echten Action-Junkie wie Ihnen kann aber kaum ein Job auf die Dauer ausreichend Reize bieten, um Sie zufriedenzustellen. Eine gesunde Work-Life-Balance ist für Ihr Glück daher besonders zentral.

… zum Thema Entspannung und Freizeit:
Körperliches Auspowern ist für Sie sehr wichtig. Ihre beste Entspannungs- und Erholungsmöglichkeit: sich hier so richtig mit einer ordentlichen Dosis Adrenalin als Zugabe zu fordern. Wenn Sie kopfüber in der Kletterwand hängen, im Kanu durch die Stromschnellen schießen oder sich mit einem Fallschirm aus dem Flugzeug stürzen, sind Sie ganz in Ihrem Element.

Gut zum Entspannen ist für Sie alles, was Ihre *praktische* Präferenz und Ihre Sinne anspricht und Sie im wahrsten Sinne des Wortes erdet. In Stresszeiten sollten Sie daher zum Ausgleich bevorzugt etwas Sinnliches, Handfestes tun, etwa Gartenarbeit, Kochen oder Fenster putzen. Natürlich funktionieren bei Ihnen auch gutes Essen, guter Wein und gute Musik als Stressbremsen. All das am liebsten in netter Gesellschaft – aber bitte hier nicht übertreiben, sonst ärgern Sie sich hinterher mit dem Katzenjammer herum. Spaß machen könnten Ihnen asiatische Kampfsportarten wie Karate, Judo, Taekwondo oder Aikido. Die Verbindung von körperlicher Aktivität und spiritueller Konzentration tut Ihnen sicher gut. Probieren Sie es unbedingt einmal aus!

Glückstyp Sensibler Macher

Energiedimension:	**introvertiert**
Entscheidungsdimension:	**fühlend**

Sensible Macher zeichnet ein besonders sanftes, bescheidenes und zurückhaltendes Wesen aus. Mit Ihrer ruhigen und optimistischen Art sind Sie ein guter und gefragter Zuhörer. Andere Menschen fühlen sich in Ihrer Gesellschaft instinktiv wohl. Sensible Macher sind die liebenswürdigsten und freundlichsten aller Persönlichkeitstypen. Das liegt vor allem an ihrer Toleranz und an ihrer Bereitschaft, jedermann mit großer und aufrichtiger Wertschätzung zu begegnen. Kaum ein anderer Typus akzeptiert andere Menschen so bereitwillig mit all ihren Stärken und Schwächen. «Leben und leben lassen!», ist Ihr Motto – das spürt man sofort. Diese Haltung hat aber nichts mit Gleichgültigkeit zu tun. Sie sind im Gegenteil sehr mitfühlend, großzügig und hilfsbereit, spüren aber weder die Lust noch die Berechtigung in sich, andere Menschen zu bevormunden oder sie gar zu verurteilen. Nur wenn Ihr Wertesystem oder Gerechtigkeitssinn verletzt wird, können Sie plötzlich überraschend energisch und durchsetzungsstark auftreten. Aber selbst in der schärfsten Auseinandersetzung sind Sie noch darum bemüht, respektvoll und fair zu argumentieren. Klar, dass Ihnen all diese Charakterzüge beste Voraussetzungen zum Glücklichsein mitgeben. Die Annehmlichkeiten, die das Leben bietet, genießen Sie mit allen Sinnen. Sie sind sehr geschickt darin, es sich im Alltag gutgehen zu lassen. Häufig finden sich unter Ihrem Typus begabte Künstler, oft auch sehr gute Handwerker. Kreativität, Fantasie und eine besonders feine Sinneswahrnehmung gehören zu Ihren großen Stärken. Sie verfügen über ein sicheres Gespür für Nuancen und Stile und haben einen exzellenten Geschmack. Insgesamt sind Sie sehr pragmatisch, bodenständig und realistisch. Sie nehmen das Leben, wie es kommt, und reagieren flexibel auf die Erfordernisse des Tages. Zu viel Routine und Berechenbarkeit mögen Sie ohnehin nicht. Variable Arbeitsabläufe und wenig vorgegebene Regeln bringen Ihre Talente besser zur Geltung. Sie arbeiten gern für sich allein, können sich aber dank Ihres liebenswürdigen Wesens auch ausgezeichnet in eine Gruppe einfügen.

Ein kleiner, enger Freundeskreis reicht Ihnen völlig aus, da Ihr Bedürfnis nach sozialen Kontakten nicht sehr ausgeprägt ist. Sie scheuen Konflikte; Streit und Auseinandersetzungen können Sie sehr belasten. Oft sind Sensible Macher wie Sie sehr tierlieb und haben ein besonderes Geschick, mit kleinen Kindern umzugehen.

Als Partner oder Freund sind Sie treu sowie zuverlässig und bereit, viel in eine Beziehung zu investieren. Ihre Genussfreude macht Sie zu einem angenehmen Gefährten, mit dem man unwahrscheinlich intensive Momente erleben kann. Sie umsorgen Ihren Partner gern mit kleinen Aufmerksamkeiten und reagieren sehr sensibel auf seine Bedürfnisse – oft mehr als auf Ihre eigenen. Wenn Sie dabei an den Falschen geraten, laufen Sie allerdings Gefahr, sich ausnutzen zu lassen. Das macht Sie sehr verwundbar.

Ihre ganz persönlichen Glückstipps …

… zum Thema Liebe und Freundschaft:
Sie sind einer der Persönlichkeitstypen, denen man zu mehr Vorsicht im zwischenmenschlichen Bereich raten muss. Der Grund: Im Umgang mit Ihren Mitmenschen sind Sie manchmal zu arglos. Das liegt daran, dass Sie bei allen die gleichen hohen Moralvorstellungen und freundlichen Charakterzüge voraussetzen, die Sie selbst auszeichnen. Leider sind nicht alle Menschen wie Sie! Egoistische Zeitgenossen werden für Sie zum Problem: Wenn Ihre Großzügigkeit und Ihre beständige Rücksichtnahme nicht anerkannt und gewürdigt werden, macht Sie das auf Dauer todunglücklich. Und in nicht wenigen Fällen lassen Sie sich viel zu lange ausbeuten, emotional, energetisch und im Zweifel auch finanziell. Eine Prise mehr Selbstschutz kommt Ihrer Glücksbilanz entgegen.

Ihre größte Schwäche ist Ihre pathologische Scheu vor Konflikten und Ihre Unfähigkeit, in einer Beziehung hinsichtlich Ihrer eigenen Bedürfnisse und Interessen energisch auf den Tisch zu hauen. Alles ist Ihnen lieber als ein offener Streit, bei dem die Fetzen fliegen. Sie stecken lieber zurück. Würden Sie es über sich bringen, öfter ein offenes Wort zu riskieren, täte das Ihrem Glück richtig gut. Bedenken Sie: Wenn Sie über ein bestimmtes Maß hinaus gekränkt, verärgert oder enttäuscht werden, kann Ihre freundliche Wesensart sehr abrupt in ein ausgesprochen halsstarriges, zickiges Verhalten umschlagen. Das schadet einer Beziehung viel mehr, als es ein zünftiger Krach getan hätte. In dieser Hinsicht sind Sie kein typischer Macher; Sie fressen zu viel in sich hinein. An diesem Punkt bitte mehr Selbstfürsorge!

... zum Thema Ausbildung und Beruf:
Für Ihr berufliches Glück ist es besonders wichtig, dass Ihre Arbeit inhaltlich mit Ihren Werten und Idealen kompatibel ist. Einfach einen Job zu erledigen, damit am Monatsende Geld auf dem Konto ist, befriedigt Sie auf Dauer nicht. Sie müssen sich mit Ihrer Arbeit identifizieren können. In dieser Hinsicht fallen Sie als Macher erneut aus dem Rahmen – hier steckt eher ein kleiner Idealist in Ihnen. Wenn Sie das Gefühl haben, dass es in diesem Bereich Verbesserungsbedarf gibt, blättern Sie zurück ins Idealisten-Kapitel und absolvieren Sie auf Seite 87 die Übung ‹Beruf als Berufung›. Lassen Sie sich inspirieren!

Schwierig wird die Situation dann, wenn Sie sich gegen heftige Widerstände durchsetzen oder ein Machtwort sprechen müssen. Das fällt Ihnen ungemein schwer und ist Ihrem harmoniebedürftigen Wesen absolut zuwider. Sie sollten daher genau prüfen, ob eine eventuelle Führungsposition für Sie mehr Vorteile oder mehr Nachteile im Sinne von emotionalem Stress mit sich bringt. Mit vielen öffentlichen Auftritten und Präsentationsaufgaben verbundene Arbeitsfelder sind für Sie nur schwierig zu meistern. Ihnen ist es lieber, sich in kleinerem Rahmen zu bewegen und nicht allzu viele Scheinwerfer auf sich gerichtet zu wissen.

... zum Thema Entspannung und Freizeit:
Ihre angeborene Genussfreude und Ihr natürlicher Hang zum Laisser-faire sorgen dafür, dass Sie in diesem Bereich instinktiv viel Richtiges für Ihr Glück tun. Wunderbar – bewahren Sie sich das! Was immer Ihre sinnlich-praktische Seite stimuliert, entspannt Sie.

Sie haben ein gutes Körpergefühl, sodass Sie in Sachen Sport ganz von allein einen passenden Weg für sich finden, der Sie weder unter- noch überfordert. Wenn es mit der Motivation hapert: Versuchen Sie es mit Musik! Gerade für Ihren Persönlichkeitstyp ist das eine ausgezeichnete Stimulationsquelle. Ein MP3-Player ist für Sie beispielsweise eine prima Anschaffung.

Ihre Naturverbundenheit ist ebenfalls eine wichtige Quelle der Entspannung. Nutzen Sie jede Gelegenheit, im Freien unterwegs zu sein. Der Kontakt zu Tieren ist für Ihr Wohlbefinden besonders gut. Wie wäre es mit einem Haustier?

Viel von Ihrem Stress ist hausgemacht und resultiert aus Ihrem chaotischen Zeitmanagement. Wenn Sie es schaffen, Ihre Tage mittels Terminplanung und Prioritätenlisten zu entzerren, sind Sie in Sachen Glück schon wieder einen großen Schritt vorangekommen. Ein Seminar zu diesem Thema wäre für Sie eine gute Sache.

Glückstyp Individualistischer Macher

Energiedimension:	**introvertiert**
Entscheidungsdimension:	**logisch**

Individualistische Macher sind sehr selbstbewusste Menschen. Von allen Persönlichkeitstypen gebührt ohne Zweifel Ihnen der Pokal, wenn es um Freiheitsliebe und Unabhängigkeit von der Meinung anderer geht. Keine schlechte Voraussetzung fürs Glücklichsein! Sie sind ruhig, sachlich und rational, ein ausgesprochener Verstandesmensch. Ihren Individualismus pflegen Sie intensiv. Sie genießen es, Ihre analytischen Fähigkeiten an neuen Aufgaben zu messen. Dabei sind Sie gleichzeitig ein sehr *spontaner* und impulsiver Typus, der gern seinen plötzlichen Eingebungen folgt und jede Art der Einschränkung hasst. Sie sind ein guter und genauer Beobachter, der aufmerksam fast alles registriert. Für Zwischenmenschliches verfügen Sie allerdings über nicht so feine Antennen und wundern sich dann gelegentlich, wenn Sie bei anderen durch Ihre direkte und unverblümte Art anecken. Verpflichtungen schätzen Sie nicht besonders. Lässt man Ihnen allerdings Ihre Freiheit, sind Sie ein unkomplizierter, umgänglicher und fröhlicher Zeitgenosse.

Herausforderungen mögen Sie ganz besonders – Action und Nervenkitzel gehören bei Ihnen einfach dazu. Mit Abstand sind Sie der waghalsigste und unerschrockenste aller Persönlichkeitstypen. Sie lieben es, das Schicksal herauszufordern. Sehr viele Menschen Ihres Typs pflegen Hochrisiko-Hobbys wie Fallschirmspringen oder Bungee-Jumping. Regelmäßige Adrenalinstöße sind bei Ihnen unabdingbarer Bestandteil des Glücks.

Das gilt auch für Ihren Arbeitsalltag. Sie können blitzschnell Zusammenhänge erfassen, Entscheidungen treffen und dann das Notwendige in die Wege leiten. Sie übernehmen gern Verantwortung, haben einen ausgeprägten Realitätssinn und finden für jedes Problem eine angemessene und zweckmäßige Lösung. Formale Autoritäten beeindrucken Sie wenig. In allzu reglementierten und hierarchisch strukturierten beruflichen Umfeldern kann Sie das unter Umständen in Schwierigkeiten bringen. Etwaige Konflikte tragen Sie dann offen und direkt aus. Gelegentlich fehlt Ihnen dabei ein wenig

Fingerspitzengefühl, aber immerhin können Sie Kritik ebenso gut einstecken wie austeilen. Das ist Ihnen hoch anzurechnen.

Als Freund sind Sie treu und anhänglich. Viele Ihrer (eher wenigen) Freundschaften halten das ganze Leben. Ihr Optimismus und Ihre Fähigkeit, zuhören zu können, machen Sie zu einem beliebten Gesprächspartner. Sie ziehen es jedoch vor, über gemeinsame Interessen und Hobbys zu diskutieren, statt über theoretische oder philosophische Fragen. Letztere sind Ihnen zu abstrakt. In der Liebe brauchen Sie viel Freiheit und Zeit für sich. Am glücklichsten werden Sie mit einem Partner, der gut mit sich selbst zurechtkommt und nicht nervös wird, wenn er einen Abend oder einen ganzen Urlaub allein verbringen soll.

Ihre ganz persönlichen Glückstipps …

… zum Thema Liebe und Freundschaft:

Wer viel Wert auf verbale Liebesbekundungen legt und sich häufige, intensive Beziehungsgespräche wünscht, gerät als Ihr Partner hinsichtlich Ihrer Gefühle ins Zweifeln. Emotionen in Worte zu kleiden, fällt Ihnen ungemein schwer und ist Ihnen suspekt. Wenn Sie nicht müssen, reden Sie nicht über Ihre Innenwelt, auch nicht mit Ihrem Partner. Manche Persönlichkeitstypen können das gut aushalten, andere gar nicht. So oder so: Wenn Sie sich dazu durchringen können, sich in Bezug auf Ihre Gedanken und Gefühle nicht allzu einzelgängerisch und verschlossen zu geben, wird das Ihrem (Liebes-) Glück gut bekommen! Am glücklichsten werden Sie mit einem Partner, mit dem Sie gemeinsam aktiv sein können.

Ihre unterschiedlichen Hobbys und Interessen teilen Sie gern mit jemandem, der ihnen die gleiche Begeisterung entgegenbringt wie Sie selbst. Achten Sie bei der Partnerwahl besonders auf diesen Aspekt. Im Idealfall ist Ihr Herzblatt Ihr bester Freund, mit dem Sie Ihren Spiel-, Sport- und Abenteuertrieb ausleben können. Es macht nichts, wenn er nicht von Anfang an so fit ist wie Sie. Sie können ein sehr geduldiger und guter Lehrer und Coach sein.

Es macht Ihnen viel Spaß, Ihrem Partner alles beizubringen, was Sie selbst können. Das schweißt Sie beide umso mehr zusammen.

... zum Thema Ausbildung und Beruf:
Denken Sie darüber nach, ob es in Ihrem derzeitigen Tätigkeitsbereich Möglichkeiten gibt, wie Sie sich Ihre Arbeit typgerechter gestalten können. Vielleicht nutzen Sie noch nicht alle Gelegenheiten, sich Abwechslung zu verschaffen. Belegen Sie zum Beispiel Weiterbildungen oder nehmen Sie an Arbeitskreisen teil, die Sie reizen.

Ihre Risikofreude und Krisenfestigkeit ebenso wie Ihr stark ausgeprägtes Verantwortungsgefühl prädestinieren Sie für die Selbstständigkeit. Wichtig dabei: Umgeben Sie sich in einem solchen Fall ganz gezielt mit besonnenen Mitarbeitern, die Sie bremsen, wenn Ihre Kalkulationen und Unternehmungen gar zu unbekümmert werden. Sie sind, wie schon erwähnt, sehr waghalsig. Das geht meistens gut – aber eben nicht immer.

Alle Berufe, die in irgendeiner Weise mit handwerklichem Können oder technischem Verständnis zu tun haben, sind Ihnen auf den Leib geschneidert und machen Sie glücklich. Am liebsten ist es Ihnen, wenn Sie nach klaren Vorgaben handfeste, gut messbare Ergebnisse erzielen können, die im Idealfall auch noch einen klar erkennbaren praktischen Nutzen für Sie und andere haben.

Berufe, in denen Sie sehr viel mit Menschen zu tun haben, sind eine schlechte Wahl für Ihr Glück, denn das würde Sie ziemlich anstrengen. Zufriedener sind Sie, wenn Sie entweder allein arbeiten können, oder aber Schulter an Schulter mit einigen wenigen Auserwählten, die auf Ihrer Wellenlänge liegen und deren Kompetenz Sie respektieren und schätzen.

... zum Thema Entspannung und Freizeit:
Sie als adrenalinsüchtig zu bezeichnen, trifft es ziemlich genau. Entspannung finden Sie am ehesten dort, wo andere vor Angst mit den Zähnen klappern: bei Motorradrennen, beim Fallschirmspringen oder während eines Loopings im Sportflugzeug. Die Herausforderung von Extremsportarten ist genau Ihr Ding. Da Sie über ein ausgezeichnetes Körpergefühl verfügen und gern jede Menge Geld und Zeit investieren, um Ihr Equipment auf dem neuesten Stand zu halten, muss man sich um Sie die meiste Zeit keine Sorgen machen. Aber übertreiben Sie es nicht!

Zu viele Sozialkontakte und Geselligkeit bedeuten für Sie Stress pur. Achten Sie deshalb immer darauf, sich im Berufs- wie im Privatleben genügend Rückzugsmöglichkeiten zu sichern.

Sie sind ein ausgesprochener Lebemensch, impulsgesteuert und allen sinnlichen Genüssen sehr zugeneigt. Achten Sie hier mehr auf Ihre Gesundheit. Nicht alles, was Ihnen im Augenblick guttut, trägt langfristig zu Ihrem Glück bei! Denken Sie wenigstens ab und zu an morgen ...

Die Realisten: Glück durch Verantwortung

Wahrnehmungsdimension:	**praktisch**
Handlungsdimension:	**planend**

Was Realisten glücklich macht

Die Eigenschaft, die alle Realisten kennzeichnet, ist ihr weit überdurchschnittliches Verantwortungs- und Pflichtgefühl. Der Psychologe Keirsey hat sie als «das Fundament, den Eckpfeiler, das Schwungrad und den Stabilisator der Gesellschaft» bezeichnet. Das trifft es sehr gut. Selbst *introvertierte* Realisten brauchen vor allem das Gefühl der Zugehörigkeit zu einer Gemeinschaft, des sozialen Akzeptiertseins, um glücklich zu sein.

Sie sind allerdings keineswegs der Meinung, dass ihnen Zugehörigkeit geschenkt werden sollte oder müsste! Stattdessen wollen sie sich diese erarbeiten und verdienen. Deshalb engagieren sie sich fast in jeder wachen Minute im Dienst der Gemeinschaft und für andere Menschen. So sind Sie immer bestrebt, sich nützlich zu machen, anderen zu helfen und die – realen oder vermuteten – Erwartungen, die an sie gestellt werden, bestmöglich zu erfüllen. Eine übernommene Verpflichtung ist ihnen heilig, ein gegebenes Wort zu brechen, kommt für sie nicht infrage. Das Schlimmste, was einem Realisten zustoßen kann, ist das Gefühl sozialen Ausgegrenzt- oder Isoliertseins. Manch ein anderer Persönlichkeitstyp ist vor allem damit beschäftigt, seine Einzigartigkeit und seinen Individualismus zu pflegen, und nimmt dabei durchaus das Missfallen anderer in Kauf. Nicht so der Realist! Er unternimmt so ziemlich alles, um Teil der Herde zu bleiben, denn nur hier fühlt er sich wirklich wohl.

Neben Familie und Beruf wählen sich viele Realisten noch ein oder mehrere Ehrenämter. Aus der Sicht der Glücksforschung eine gute Idee! «Wahres Glück besteht darin, andere glücklich zu machen», weiß ein indisches Sprichwort. Auf keine andere Persönlichkeitsgruppe trifft dies so sehr zu wie auf diese. Für Sie sind daher besonders die Studienergebnisse interessant, die belegen, dass uns ehrenamtliches Engagement nicht nur glücklich macht, sondern sogar für mehr Gesundheit und auch eine deutlich erhöhte Lebenserwartung sorgt. Manche Psychologen sprechen von einem regelrechten «Helferhoch», das durch eine solche Tätigkeit in uns ausgelöst werden kann – purer Balsam für die Seele eines jeden Realisten!

Übung: Ehrenamtliches Engagement

Sind Sie in letzter Zeit auf Hilfsprojekte aufmerksam geworden, bei denen Sie spontan dachten: Das würde mir Spaß machen! Oder: Das ist aber eine gute Idee! Oder haben Sie umgekehrt bei Berichten über problematische Zustände gedacht: Da müsste man eigentlich mal was tun!
Wenn ja: Welche Projekte waren das? Welche Besonderheit zeichnete sie aus, weshalb gefielen sie Ihnen so gut? Gibt es eine Möglichkeit für Sie, sich in einem solchen oder ähnlichen Projekt zu engagieren oder ein solches ins Leben zu rufen? Was hat Sie bisher davon abgehalten, das zu tun?
Im Internet finden sich ebenfalls Inspirationen! Nützliche Adressen sind unter anderem ehrenamtsportal.de, ehrenamtsboerse.at oder freiwilligenjob.ch.

In einer Hinsicht gehen Realisten in Sachen Glück mit einer kleinen «Hypothek» an den Start: Ihnen ist ein Hang zum Pessimismus in die Wiege gelegt worden. Realisten sind extrem sicherheitsliebende Persönlichkeitstypen, die ständig bemüht sind, sich gegen etwaige drohende Verluste, Rückschläge oder Katastrophen zu wappnen. Was schiefgehen kann, wird wahrscheinlich auch schiefgehen! Dieser Satz stammt mit Sicherheit von einem Realisten. Sie investieren viel Zeit und Energie darin, möglichst alle Eventualitäten vorherzusehen und für alle Fälle einen Plan B in der Tasche zu haben. Einerseits natürlich eine Strategie, mit der sie tatsächlich manches Missgeschick vermeiden oder zumindest abpuffern können, andererseits aber das Gegenstück zur rosaroten Brille, von der die Glücksforschung heute weiß, dass sie erheblich zu unserer Lebenszufriedenheit beiträgt. Aus der sorgenvollen Sicht der Realisten aufs Leben resultiert eine besorgte und angespannte Grundhaltung. Diese wird leider häufig zu einer sich selbst erfüllenden Prophezeiung. Zeit, ein bisschen gegenzusteuern. Und zwar mit einer ganz einfachen, aber sehr bewährten Methode der Glückspsychologie!

Übung: Sonnentagebuch

Bitte kaufen Sie sich bei nächster Gelegenheit ein gebundenes Notizbuch, dessen Einband und Gestaltung Sie spontan anspricht. Dieses Büchlein wird ab sofort Ihr Sonnentagebuch: Jeden Abend vor dem Schlafengehen notieren Sie mindestens drei Dinge, die Sie an diesem Tag gefreut oder positiv überrascht haben, die Ihnen besonders gut gelungen sind, für die Sie dankbar waren oder die Sie zum Lächeln gebracht haben. Das können ganz kleine Anlässe sein, wie ein unvorhergesehen sonniger Tag, eine

nette Begegnung mit einem Menschen oder das Gefühl der Gesundheit und Vitalität. Natürlich ist hier auch Platz für größere Freuden, etwa die ersehnte Beförderung, die bestandene Prüfung oder die ersten Schritte Ihres Kindes. *Nicht* zugelassen sind jedoch negative Ereignisse und Gedanken. Wenn Sie das Bedürfnis haben, auch diese festzuhalten, brauchen Sie ein zweites Tagebuch.
Praktizieren Sie die Übung konsequent mindestens zwei Monate lang. Lassen Sie sich überraschen, wie sie Ihre Weltsicht positiv verändert!

Liebe und Freundschaft

Die Gründung einer Familie gehört für die meisten Realisten zu einem glücklichen Leben. Wo könnten sie ihr Bedürfnis nach Zugehörigkeit und ihren Wunsch, andere zu umsorgen, auch besser befriedigen? Sie werden schon als Eltern geboren: Bereits im Kindergarten sind sie es, die sofort mit Trost zur Stelle sind, wenn sich ein anderes Kind wehgetan hat, die in Streitfällen schlichtend eingreifen und ihr Pausenbrot bereitwillig mit anderen teilen. Auch erwachsene Realisten lieben es, sich um andere zu kümmern und ihrer Familie ein sicheres und gemütliches Nest zu schaffen. Sie sind diejenigen, die jeden Geburtstag im Verwandtschafts- und Freundeskreis im Kopf haben – und natürlich das passende Geschenk. Sie telefonieren so lange, bis ein Termin für ein gemeinsames Weihnachtsessen gefunden ist, und stehen dann stundenlang in der Küche, um als perfekte Gastgeber alle zu bekochen und zu verwöhnen. Bleibt einem Realisten auf Dauer das Ausleben dieser familiär-fürsorglichen Ader verwehrt, macht ihn das sehr unglücklich.

Als Freunde sind Realisten treu und verlässlich und immer zur Stelle, wenn man sie braucht. Ihr Charterflug geht nachts um drei, aber leider will Ihr Auto nicht anspringen und für ein Taxi ist die Fahrt zum Flughafen zu weit? Kein Problem, solange Sie einen Realisten in Ihrem Freundeskreis haben. Rufen Sie ihn an, er wird ohne zu zögern aus dem Bett springen und Sie noch rechtzeitig zum Check-in bringen! Denn auch im Freundes- und Familienkreis sind Realisten immer bestrebt, sich Liebe und Zuneigung nicht schenken zu lassen, sondern sie sich zu verdienen und zu erarbeiten. Ihre Hilfsbereitschaft und Einsatzfreude ebenso wie ihr Händchen für Feste, Feiern und Gemütlichkeit machen sie zu beliebten Gastgebern und ebensolchen Gästen: Entweder ist der Realist sowieso derjenige, der die Party organisiert, oder aber er steht gemeinsam mit dem Gastgeber in der Küche und bereitet Häppchen vor.

Sie möchten einem Realisten vermitteln, dass Sie ihn um seiner selbst willen lieben und schätzen und gern um sich haben? Das ist ein aussichtsloses Unterfangen! Im Umgang mit diesem Persönlichkeitstyp drängt sich manchmal der Verdacht auf, dass er an sich selbst nicht genug Liebenswertes finden kann, um einer solchen Behauptung Glauben zu schenken. Das ist natürlich keine sehr glücksförderliche Sicht auf die eigene Person. Zumal sich viele Realisten auf diese Weise Dauerstress aussetzen, schließlich sehnen sie sich sehr nach Zuwendung und Anerkennung. Deshalb im Folgenden eine kleine Übung, die Ihnen wahrscheinlich schwerfallen wird. Umso wichtiger ist es, dass Sie sich genügend Zeit für sie nehmen. Sie brauchen lediglich Papier und Stift.

Übung: Ein Liebesbrief an Sie selbst

Zugegeben, es klingt im ersten Moment seltsam, aber schreiben Sie sich selbst einen Liebesbrief! Niemand außer Ihnen selbst muss ihn je zu Gesicht bekommen. Schicken Sie daher Ihren inneren Kritiker, der Ihnen in diesem Moment verzweifelt Sätze wie «Eigenlob stinkt!» zuruft, auf Kurzurlaub und schreiben Sie los:

- Was gefällt Ihnen an sich selbst?
- Wofür mögen Sie sich?
- Welche guten Eigenschaften haben Sie?
- Welche Begabungen haben Sie?
- Welche schlechten Eigenschaften haben Sie *nicht*?

Zu schwierig? Hier kommen noch zwei Fragen, die es Ihnen einen Tick leichter machen, indem sie Ihnen helfen, eine Außenperspektive einzunehmen:

- Was mögen oder schätzen *andere* an Ihnen und haben es Ihnen vielleicht auch schon einmal gesagt?
- Wie würde Sie jemand, *der Sie sehr mag*, beschreiben?

Wenn Sie sich mit diesen Fragen überfordert fühlen, dann bitten Sie einen guten Freund, Ihnen bei der Beantwortung zu helfen. Formulieren Sie anschließend den Brief an sich selbst. Sie können sich den Brief per E-Mail senden oder ihn in einen Umschlag stecken und sich per Post zustellen lassen. Bewahren Sie ihn gut auf und lesen Sie ihn immer wieder durch – vor allem dann, wenn Sie sich schlecht fühlen oder sich auf eine schwierige Situation vorbereiten wollen.

Von allen Persönlichkeitstypen laufen Realisten in Sachen Liebe und Freundschaft am ehesten Gefahr, in Beziehungen zu kurz zu kommen. Der Grund: Ihr ausgeprägtes Pflicht- und Verantwortungsbewusstsein hindert sie daran, für ihre Leistungen eine angemessene Gegenleistung einzufordern. Und sei es nur in Form von Dankbarkeit und Würdigung. Für sie ist es derart selbstverständlich, zu handeln, ohne ein großes Tamtam darum zu veranstalten, dass es ihnen ungebührlich erscheint, auf ihren eigenen Beitrag hinzuweisen. Sie hoffen, dass dem anderen schon auffallen wird, was sie alles für ihn tun – und sind dann natürlich bitter enttäuscht, wenn dem nicht so ist. Schließlich ist es für das Glück der Realisten sehr entscheidend, dass ihr Engagement wahrgenommen und anerkannt wird. Hier unterscheiden sie sich von den Denkern und einigen Machern, die viel unabhängiger von sozialer Bestätigung sind.

Bleibt diese auf Dauer aus, leidet das ohnehin nicht übermäßige Selbstwertgefühl der Realisten sehr darunter. Ihr Beitrag wird häufig nicht nur als selbstverständlich hingenommen, vielmehr nutzen egoistische Naturen ihre Einsatz- und Opferbereitschaft weit über Gebühr aus. Hier besteht die Gefahr, dass Sie «ausgesaugt» werden – emotional, energetisch und gegebenenfalls auch finanziell. Das gilt übrigens nicht nur im Privat-, sondern auch im Berufsleben. Für Realisten wie Sie ist es daher sehr wichtig, immer wieder zu überprüfen, mit welchen Menschen Sie sich umgeben und ob diese Ihnen eher gut- oder eher schlechttun. Es ist grundsätzlich nichts dagegen einzuwenden, dass Sie sich lieber in der Position des Gebers als in der des Empfängers befinden. In langfristigen Beziehungen lässt es sich auch gar nicht vermeiden, dass mal einer mehr vom anderen profitiert als umgekehrt. Über die Zeit hinweg sollte allerdings schon ein Ausgleich stattfinden, sonst bleiben Sie irgendwann auf der Strecke.

Übung: Achtung, Vampire!

Fertigen Sie bitte eine Liste mit den Namen der Familienmitglieder und Freunde an, die in Ihrem Leben aktuell eine Rolle spielen. Sobald Sie fertig sind, unterstreichen Sie mit *roter* Farbe all diejenigen Menschen,

(1) bei denen Sie in den letzten drei Monaten in irgendeiner Form seelische Unterstützung geleistet haben (zum Beispiel trösten, aufmuntern, beraten),
(2) bei denen Sie in den letzten drei Monaten in irgendeiner Form praktische Unterstützung geleistet haben (zum Beispiel beim Umzug geholfen, Einkäufe erledigt, Geld geliehen),
(3) bei denen Sie kurz zusammenzucken, wenn Sie ihre Stimme auf Ihrem Anrufbeantworter hören.

Unterstreichen Sie in einem zweiten Arbeitsgang all diejenigen Menschen auf Ihrer Liste mit *grüner* Farbe,

(1) zu denen Sie als Erstes gehen würden, wenn Sie Sorgen oder Probleme hätten,
(2) die Ihnen in den letzten drei Monaten in irgendeiner Form praktische Unterstützung geleistet haben,
(3) über deren Erscheinen auf Ihrer Geburtstagsparty Sie sich am meisten freuen würden.

Analysieren Sie Ihre Liste anschließend. Wahrscheinlich wird es keine Namen geben, die nur grün unterstrichen sind. Wenn doch: Gratulation, Sie sind bereits auf einem guten Weg! Namen, die Sie doppelt unterstrichen haben, stehen für ein gutes Gleichgewicht von Geben und Nehmen. Wunderbar! Bei Namen, die eine rote Markierung tragen, sollten Sie ernsthaft überlegen, ob Sie den Kontakt drastisch einschränken, vielleicht sogar beenden. Bei solchen Personen handelt es sich oft um typische Blutsauger, die Ihrer Glücksbilanz schaden.

Ausbildung und Beruf

«Erst die Arbeit, dann das Vergnügen!», ist das Lebensmotto eines Realisten wie Ihnen. Eine Aufgabe unvollendet zu lassen oder sie nicht bestmöglich zu erledigen, widerstrebt Ihnen zutiefst. Pi mal Daumen arbeiten Sie nicht. Wenn Sie etwas anpacken, dann aber richtig. Sie verfügen über ein ausgezeichnetes Organisationstalent und brauchen selten Anweisungen. Sie sehen, was getan werden muss, und handeln. Ihnen entgehen keine Abgabetermine, Fristen oder andere Details. Sehr penibel und sorgfältig behalten Sie alles Wichtige im Auge. Sie bevorzugen Arbeitsgebiete, in denen Sie es mit eindeutigen Fakten und greifbaren Aufgabenstellungen zu tun haben. Sehr abstrakte, theoretisch orientierte Berufsfelder, in denen es um die Schaffung von Visionen oder langfristigen Zukunftsprojekten geht, liegen Ihnen dagegen weniger; sie sind Ihnen zu schwammig. Wie in anderen Lebensbereichen ziehen Sie es vor, sich am Bewährten orientieren sowie auf verlässliche Daten und Erfahrungswerte zurückgreifen zu können. Stark auf Konzeptionierung oder Neuentwicklung ausgerichtete Berufe bedeuten für Sie daher mehr Stress als Glück.

Realisten arbeiten vor allem in Traditionsunternehmen und anerkannten öffentlichen oder privaten Institutionen: in der Verwaltung, im Lehramt, im Rechnungswesen, im Verkauf oder im Management. Weitere Bereiche, in denen sich Realisten wohlfühlen, sind das Dienstleistungsgewerbe wie Hotel- und Gastronomiebetriebe und natürlich alle Berufe, in denen es um die Versorgung, Pflege und Betreuung von Menschen geht.

Realisten sind von allen Typen mit dem größten Durchhaltevermögen gesegnet. Was sie sich vorgenommen haben, ziehen sie durch; egal, was es sie an Anstrengung und Mühe kostet. Diese ungeheure Konsequenz ist die Wurzel vieler großer Erfolge, beruflicher wie privater. Beharrlichkeit unter schwierigen Bedingungen ist eine sehr wichtige Fähigkeit! Wie alles im Leben hat jedoch auch sie zwei Seiten und sorgt mitunter dafür, dass sie sich in Sachen Glück selbst im Weg stehen. Ein Problem, mit dem Realisten in allen Lebensbereichen immer wieder zu kämpfen haben, ist ihre Abneigung dagegen, einen eingeschlagenen Weg zu korrigieren oder ganz zu verlassen. Das fühlt sich für sie zu sehr nach Aufgeben oder Desertieren an – ein in ihren Augen inakzeptables Verhalten. Deshalb verbeißen sie sich stur in einmal Angefangenes. Sie halten oft an Gegenständen, Lebensumständen oder Menschen fest, selbst wenn diese für sie längst nicht mehr passend oder stimmig sind. Einen gefassten Plan aufzugeben, fällt Realisten aufgrund ihrer dominierenden planenden Präferenz sehr schwer. Hinzu kommt in Sachen Job ihr ausgeprägtes Sicherheitsbedürfnis, das sie zusätzlich nötigt, (weiterhin) eine Arbeit auszuführen, die ihnen weder Erfolg noch Freude bringt. Riskieren Sie daher an dieser Stelle bitte in Sachen Beruf eine kurze Bestandsaufnahme.

Übung: Festhalten oder loslassen?

Beantworten Sie sich selbst – wie immer am besten schriftlich – die nachfolgenden Fragen. Ihr Hauptaugenmerk sollte auf dem beruflichen Bereich liegen. Drängen sich jedoch andere Lebensbereiche in den Vordergrund, lassen Sie dies bitte zu. Jede Information kann für Ihr Glück entscheidend sein. Wichtig ist nur, dass Sie sich trauen, auch scheinbar Unumstößliches und Unveränderbares in Ihrem Leben zu hinterfragen. Machen Sie sich bewusst, dass nahezu jede Lebensentscheidung revidiert werden kann – und auch darf!

- Sie knacken morgen den Super-Jackpot im Lotto: Was verändern Sie in Ihrem Leben? Würden Sie übermorgen noch zur Arbeit gehen? Wenn ja, warum? Wenn nein, warum nicht?
- Was sollte in Ihrem Leben unbedingt so bleiben, wie es ist?
- Was könnten Sie dadurch gewinnen, dass Sie die gewünschten Veränderungen umsetzen würden?
- Wovon müssten Sie sich verabschieden, wenn Sie die Veränderungen in Ihrem Leben auch ohne Lottogewinn vornehmen wollten?
- Wovon müssten Sie sich verabschieden, wenn Sie sich

zu einer Nicht-Veränderung entschließen und alles so lassen würden, wie es ist?

Die beschriebene, Ihnen eigene Inflexibilität hat einen einfachen Grund: Als Realist gehören Sie zu den Bewahrern der Traditionen und des Althergebrachten. Revolutionäre und Umstürzler sucht man unter Ihrem Persönlichkeitstyp vergebens. Sie respektieren Ordnung, Regeln und Hierarchien, weil Sie der festen Überzeugung sind, dass eine Gemeinschaft nur mit ihrer Hilfe langfristig funktioniert. Titel, Status und Ämter sind für Sie ebenfalls wichtig, da sie die von Ihnen so ersehnte soziale Anerkennung symbolisieren. Veränderungen schätzen Sie nicht sonderlich; Neuem stehen Sie skeptisch gegenüber. Wozu etwas gut Bewährtes über Bord werfen, und stattdessen etwas ausprobieren, von dem niemand weiß, ob es überhaupt funktionieren wird? Das geht nicht nur Ihrem Hang zur Erhaltung des Bestehenden, sondern auch Ihrer Sicherheitsliebe gegen den Strich.

Realisten wie Sie haben es in unserer heutigen Zeit nicht immer leicht. In einer Gesellschaft, in der Stabilität zunehmend seltener wird, sich Normen und Werte verflüssigen, soziale und familiäre Bindungen brüchig werden und räumliche Mobilität vom Arbeitsmarkt fast zwingend vorausgesetzt wird, fühlen sie sich manchmal wie Treibholz in einem reißenden Strom. Dabei wären sie viel lieber ein fest verwurzelter Baum auf sicherem Grund. Frühere Generationen von Realisten hatten es in dieser Hinsicht einfacher. Daher ist es gerade für Ihr Glück wichtig, an dieser Persönlichkeitsseite zu arbeiten. Eine

Multioptionsgesellschaft wie die unsere bietet auch für Realisten viele interessante Alternativen. Leider nehmen Sie diese manchmal nicht oder nicht ausreichend wahr, weil Sie Ihren Blick krampfhaft auf Ihren Teller gerichtet halten, statt über den Rand hinauszuschauen. Legen Sie mehr Mut und Veränderungsbereitschaft an den Tag und Sie werden merken, wie sich Ihnen auch beruflich neue Möglichkeiten und Horizonte eröffnen. Flexibilität und Risikobereitschaft lassen sich in kleinen Schritten durchaus trainieren! Deshalb muss aus Ihnen kein Glücksspieler werden. Es geht lediglich darum, öfter etwas Neues zu wagen, Träume und Visionen zuzulassen und der eigenen Fantasie nicht schon morgens einen Maulkorb umzubinden. Haben Sie Lust, dazu ein kleines Experiment zu wagen? Ich verspreche Ihnen, es macht Spaß!

Übung: Zukunftscollage

Besorgen Sie sich Schere, Klebstift und einen großen Bogen Tonpapier in einer hellen fröhlichen Farbe, die Sie anspricht. Legen Sie außerdem ein paar alte Zeitschriften und einen Küchenwecker bereit. Schließen Sie die Augen und stellen Sie sich vor, es seien fünf Jahre vergangen und Ihr Leben hätte sich genauso entwickelt, wie es in Ihren Augen wünschenswert wäre. Es enthält alles, was Sie glücklich und zufrieden macht.

Öffnen Sie die Augen und ziehen Sie ohne hinzusehen aus dem Zeitschriftenstapel drei Hefte heraus. Stellen Sie den Wecker auf 30 Minuten und blättern Sie die Zeitschriften durch. Jede Schrift und jedes Bild, die Sie intuitiv ansprechen, Sie berühren oder Ihnen etwas sagen, reißen Sie grob aus und legen sie beiseite. Wenn die halbe Stunde um ist, beginnen Sie mit der Gestaltung Ihrer Zukunftscollage: Sortieren Sie von Ihrem Material aus, was Sie tatsächlich verwenden möchten, und schneiden Sie die entsprechenden Bilder und Texte säuberlich aus. Arrangieren Sie Ihre Auswahl, wie es Ihnen gefühlsmäßig stimmig erscheint, auf dem Tonpapier und kleben Sie die Ausschnitte fest.

Nun geben Sie Ihrer Collage in Ihrer Wohnung einen Platz, an dem Sie täglich vorbeikommen, der sie aber vor fremden, ungewollten Blicken verbirgt, etwa die Innenseite Ihrer Kleiderschranktür. Wenn Ihr Blick in den kommenden Wochen auf Ihre Collage fällt, fragen Sie sich:

- Gefällt mir meine Collage? Welche Stimmung strahlt sie aus?
- Was befindet sich im Zentrum meiner Collage, was eher am Rand? Gibt es einen Ausschnitt, der für mich ganz besonders bedeutsam ist? Welcher? Warum?
- Vermisse ich auf meiner Collage etwas?
- Gibt es Dinge auf meiner Collage, die mich selbst überraschen, die ich so nicht erwartet hätte? Was könnte deren Botschaft an mich sein?
- Was sagt mir meine Collage über meine Wünsche an mein Leben und darüber, welchen Weg ich wirklich gehen will?

Entspannung und Freizeit

Realisten sind in Sachen Entspannung keine Weltmeister, dazu sind sie allzu pflichtbewusste Naturen. Vor allem im Umgang mit sich selbst müssen Sie die Blickrichtung wechseln, um glücklicher zu werden. Ihr übermäßiges Verantwortungsbewusstsein verleitet Sie oft dazu, Ihr Augenmerk vorwiegend auf das zu richten, was noch nicht perfekt ist, was nicht funktioniert hat, was Ihnen misslungen ist. Dann gehen Sie mit sich selbst unbarmherzig ins Gericht und quälen sich oft mit überzogenen Selbstvorwürfen. Sie übersehen gern, was Sie bereits geleistet und geschafft haben. Kein Wunder, dass Sie rasch in tiefe Stimmungslöcher fallen und sehr unzufrieden mit sich und der Welt sind. Ihr innerer Kritiker ist ein übermächtiger Anteil Ihrer selbst. Im Sinne Ihrer Glücksbilanz ist es an der Zeit, ihm endlich einen potenten Gegenspieler gegenüberzustellen!

Übung: Mein liebevoller Begleiter

Suchen Sie sich gedanklich eine Gestalt oder ein Lebewesen aus, mit dem Sie nur positive, liebevolle und wohlwollende Assoziationen verbinden. Das kann ein Tier sein, ein Fabelwesen oder ein Schutzengel. Es sollte keine reale Person sein, beispielsweise Ihre Oma, auch wenn Sie diese in allerbester Erinnerung haben. Lassen Sie sich bei der Auswahl Zeit. Stellen Sie sich die Gestalt ganz plastisch und bis ins Detail vor. Ist sie männlich oder weiblich? Hat sie Tier-, Menschen- oder eine ganz andere Gestalt? Wie klingt ihre Stimme? Wie groß oder klein ist sie? Wenn Sie eine Gestalt gefunden haben, dann geben Sie ihr einen Namen. Das kann ein männlicher oder weiblicher Vorname sein, oder aber «mein liebevoller/guter/wohlwollender Begleiter».

Dieser Begleiter beobachtet Sie von nun an jeden Tag rund um die Uhr, und zwar immer mit einem ganz liebevollen, wohlwollenden Blick. So etwas wie Kritik kennt er nicht. Er weiß genau, was Ihnen guttut, liebt und schätzt Sie und sieht immer das Beste in Ihnen. Er ist Ihr Freund und unterstützt Sie, muntert Sie auf und ermutigt Sie, wo immer er kann. Es gibt keine Situation, und sei sie noch so schwierig oder düster, in der er nicht etwas sagen könnte, um Ihre Stimmung zu heben und Ihr Gemüt aufzuhellen. Wenn Ihnen etwas Unschönes widerfährt oder Ihnen etwas misslingt und Sie bemerken, dass Sie erneut anfangen, sich innerlich zu zerfleischen: Halten Sie einen Moment inne und fragen Sie sich, was Ihr liebevoller Begleiter zu Ihnen sagen würde.

Mit dieser Übung lernen Sie, mit sich selbst liebevoller und barmherziger umzugehen, als Sie es gewohnt sind. Das kommt Ihrer Glücksbilanz ausgesprochen zugute!

Realisten sind die klassischen Disziplinbolzen unter den Persönlichkeitstypen. Als solcher gestehen Sie sich Lässigkeit, Faulheit und die Entscheidung, einen Tag mit einem Krimi auf dem Sofa zu vergammeln, obwohl sich drinnen die Wäsche stapelt und draußen schönes Wetter ist, selten bis nie zu. Da ist sofort Ihr innerer Antreiber zur Stelle, der Ihnen ins Ohr flüstert (oder doch eher brüllt?), dass Sie sich bitteschön nicht hängen lassen sollen, dass Müßiggang aller Laster Anfang ist und dass es ohne Fleiß keinen Preis gibt. Ehe nicht alle Punkte Ihrer To-do-Liste abgearbeitet sind, kommen Sie selten zur Ruhe. Für Sie selbst und Ihre Bedürfnisse bleiben unterm Strich oft zu wenig Zeit und Energie übrig. Mitunter ist es Ihnen wahrscheinlich sogar unmöglich, Ihre Bedürfnisse auch nur wahrzunehmen.

Vor allem die Realisten mit *fühlender* Präferenz gehören daher zu den am stärksten von einem Burnout bedrohten Persönlichkeitstypen. Aber auch die Realisten mit *logischer* Präferenz neigen dazu, sich beständig zu viel aufzuladen und so die eigenen Bedürfnisse nicht annähernd wichtig genug zu nehmen. Hier ist für Sie ein wichtiges Lernfeld in Sachen Glück versteckt, denn eine gute Selbstfürsorge ist für langfristige Zufriedenheit eine unabdingbare Voraussetzung. Ein wenig mehr Lockerheit und Genussfreude werden Ihnen gut bekommen. Fangen Sie doch am besten gleich damit an.

Übung: Eine Verabredung mit mir selbst

Blockieren Sie in Ihrem Kalender gleich heute für den Rest des Jahres an mindestens drei Tagen in der Woche je eine Stunde für eine Verabredung mit sich selbst. Nehmen Sie diese Termine genauso ernst, wie jeden anderen wichtigen Termin: Seien Sie pünktlich und zuverlässig, sagen Sie einen Termin nur in absoluten Notfällen und mit einem Ersatztermin ab.

Diese Stunde gehört ganz Ihnen, in ihr verwöhnen Sie sich jeweils mit einer Aktivität, die Ihnen in diesem Moment besonders guttut. Das kann ein Waldspaziergang sein, ein Stadtbummel, ein Saunabesuch, eine Stunde im Liegestuhl mit einem spannenden Buch, eine genussvolle Massage, eine Tanzstunde, ein ausgiebiges Telefonat mit einem Freund. Erlauben Sie sich, auf diese Weise wenigstens in homöopathischen Dosen mehr Leichtigkeit und Großzügigkeit in Ihr Leben zu lassen und Ihren eigenen Bedürfnissen mehr Priorität einzuräumen. Das hebt Ihren Glückspegel bestimmt! Denn: Wenn Arbeit das halbe Leben ist und Ordnung die andere Hälfte – was bleibt dann für Sie übrig?

Glückstyp Fürsorglicher Realist

Energiedimension:	**extrovertiert**
Entscheidungsdimension:	**fühlend**

Fürsorgliche Realisten sind beliebte Menschen voller Energie – zuverlässig, gut organisiert und hilfsbereit. Von allen Persönlichkeitstypen ist Ihrer der geselligste. Gute zwischenmenschliche Kontakte sind ein zentraler Pfeiler Ihres ganz persönlichen Glücks.

Mit Konflikten und Kritik können Sie schlecht umgehen; Harmonie ist Ihr wichtigstes Lebenselixier. Abgrenzung und Neinsagen sind Ihre Schwächen. Sie verfügen über eine ausgeprägte soziale Ader und sind sehr warmherzig. Stets haben Sie ein offenes Ohr für die Sorgen und Probleme der anderen. Um einen Gefallen gebeten, scheuen Sie keine Mühe. Einfühlsam und mit viel Verständnis erspüren Sie häufig schon vorab, was andere Menschen brauchen, und sind dann gleich zur Stelle. In Arbeit und Partnerschaft sind Sie loyal, engagiert und zuverlässig.

Sie sind ein konservativer Mensch. Ihr festes Werte- und Regelsystem orientiert sich an den herrschenden Traditionen. Sie sind ein hervorragender Organisator und unschlagbar darin, jedes noch so kleine Detail im Blick zu behalten, das für das Gelingen eines Projekts wichtig sein könnte. Zudem sind Sie der geborene Teamplayer. Das liegt einerseits an Ihrer offenen wie kommunikativen Art und andererseits daran, dass Sie sich problemlos in Gruppenhierarchien einfügen und zu unterschiedlichen Menschen schnell einen Draht aufbauen. Ihr gutes Einfühlungsvermögen und Ihre Hilfsbereitschaft sorgen dafür, dass Sie von jedermann akzeptiert werden. Weil Sie so gut zuhören, trösten und ermutigen können, erfahren Sie immer als Erster von den Kümmernissen der Kollegen. Die Arbeit im stillen Kämmerlein ist für einen *extrovertierten* Typus wie Sie nichts, denn die besten Ideen kommen Ihnen im Dialog mit anderen. Sie wollen keine abstrakten Hilfsprojekte am Reißbrett entwickeln, sondern sich an vorderster Front lieber im direkten Kontakt mit Menschen engagieren. Sie bevorzugen im Job strukturierte Umfelder und Abläufe. Viel Wechsel und Unruhe sind Ihnen dagegen unangenehm.

Freundschaften schließen Sie aufgrund Ihrer offenen, herzlichen Art schnell. Sie haben einen großen Bekanntenkreis.

Als souveräner und begeisterter Gastgeber haben Sie ein Händchen dafür, überall rasch eine gemütliche Atmosphäre zu schaffen. In der Liebe sind Sie treu wie Gold, aufmerksam und umsorgen Ihren Partner mit viel Fantasie, Hingabe und Sensibilität. Kaum ein anderer Typus ist ein so liebevoller und zugewandter Partner wie Sie. Geht eine Beziehung dann in die Brüche, neigen Sie dazu, die Schuld bei sich zu suchen. Es fällt Ihnen daher sehr schwer, eine Partnerschaft zu beenden, selbst wenn diese schon längst nicht mehr Ihren Wünschen entspricht.

Ihre ganz persönlichen Glückstipps …

… zum Thema Liebe und Freundschaft:
Sie wirklich zu verärgern, ist sehr schwer. Das liegt auch daran, dass es für Sie als *fühlenden* Typus extrem schwierig ist, Kritik zu äußern. Konflikte kehren Sie daher gern unter den Teppich und zögern zu lange, Missstände anzusprechen. Trauen Sie sich, früher und öfter den Mund aufzumachen. Eine Beziehung, die das nicht verträgt, ist wertlos. Machen Sie sich das bewusst! Die Übung «Durchsetzungsvermögen» auf Seite 90 wird für Sie nützlich sein.

In jeder Art von Beziehung, ob Liebe oder Freundschaft, besteht die Gefahr, dass Ihre eigenen Bedürfnisse völlig ins Hintertreffen geraten. Sie sind so darauf bedacht, anderen Gutes zu tun, dass Sie sich selbst darüber vergessen und verlieren. Versuchen Sie, sich selbst annähernd genauso wichtig zu nehmen wie die Menschen um Sie herum! Es ist niemandem damit geholfen, wenn Sie eines Tages mit einem Burnout-Syndrom zusammenbrechen.

Ihre *fühlende* Entscheidungspräferenz ist sehr dominant. Das macht aus Ihnen ein ziemliches Sensibelchen: Sie sind leicht zu kränken und nehmen Dinge persönlich, die nicht so gemeint sind. Blättern Sie zurück auf Seite 85 des Idealisten-Kapitels. Von der Übung «Elefantenhaut» werden Sie profitieren!

… zum Thema Ausbildung und Beruf:

Konflikte und Machtkämpfe können Ihnen im Beruf sehr zusetzen und es Ihnen erheblich erschweren, Ihre Arbeit gut zu erledigen. Arbeitsbereiche, in denen oft mit harten Bandagen gekämpft wird und der Konkurrenzdruck sehr hoch ist, stellen für Sie eine große Belastung dar. Achten Sie bei der Auswahl Ihres Jobs daher nach Möglichkeit darauf, dass der Bereich von Kooperation geprägt ist.

Bei allem Verständnis für Ihr Harmoniebedürfnis: Prüfen Sie ehrlich, wo es Ihren berechtigten Ansprüchen an Kollegen und Vorgesetzten zu sehr im Weg steht. Achten Sie auch hier stärker auf Ihre eigenen Bedürfnisse. Ein Coachingseminar zum Thema Abgrenzung und Selbstbehauptung kann Ihnen dabei helfen.

Menschen Ihres Typs sind oft ausgezeichnete und sehr erfolgreiche Verkäufer. Allerdings nur so lange, wie Sie nicht zum «Wadenbeißer» werden müssen. Das liegt Ihnen nicht. Im Kundenservice könnten Sie zum Beispiel glücklich werden.

Für Ihre berufliche Zufriedenheit ist es wichtig, im Regelfall mit klaren und strukturierten Arbeitsabläufen rechnen zu können. Sie wollen Zeit haben, sich in Ruhe auf neue Anforderungen vorzubereiten und eine Aufgabe nach der anderen zu erledigen. Abwechslung sollte in Ihrem Arbeitsalltag selbstverständlich gewährleistet sein, Sie müssen allerdings das Gefühl haben, dass Sie immer sorgfältig vorgehen können. Mit drei Bällen gleichzeitig jonglieren? Ein Albtraum für Ihre perfektionistische Seite!

... zum Thema Entspannung und Freizeit:
Sport ist für Ihren Ausgleich wichtig, denn Sie haben einen hohen Energielevel, der nach einem Ventil verlangt. Verordnen Sie sich durch gemeinsames Training mit anderen «soziale Kontrolle». Das Gefühl, der Rest der Laufgruppe wartet auf Sie, ist der beste Ansporn. Eine Mitgliedschaft in einem Verein oder einer Mannschaft liegt Ihnen sehr und hilft Ihnen beim konsequenten Dranbleiben. Schnelle Ballsportarten sind wie für Sie gemacht, aber auch Funsportarten wie Cheerleading, Tanzen oder Snowboarding sind prima für Sie.

Auch in Ihrer Freizeit laden Sie sich gern zu viel auf. Ihr Engagement für andere in allen Ehren, aber müssen denn wirklich immer Sie es sein, der beim Sommerfest des Vereins den Ausschank übernimmt und das Weihnachtsmenü für die ganze Familie kocht? Plan- und zielloses Faulenzen fügt Ihrer Glücksbilanz Punkte hinzu. Versuchen Sie es doch: Lassen Sie öfter die Seele baumeln! «Unstrukturierte Freizeit» nennt sich das – böse Zungen sagen einfach «Nichtstun» dazu.

Glückstyp Zielstrebiger Realist

Energiedimension:	**extrovertiert**
Entscheidungsdimension:	**logisch**

Als Zielstrebiger Realist tragen Sie gern Verantwortung und begrüßen Herausforderungen – zwei wesentliche Bestandteile Ihres Glücksrezepts. Da Sie selbst ein exzellenter Organisator sind, schätzen Sie es, wenn Dinge ordnungsgemäß und pünktlich erledigt werden. Sie reagieren sehr schnell ungeduldig, wenn andere nicht ebenso gewissenhaft und pflichtbewusst sind wie Sie selbst. Es macht Ihnen Spaß, sich mit Details und Fakten zu beschäftigen, Regeln und Bestimmungen auszuarbeiten und Standards festzulegen. Dabei kommen Ihnen einerseits Ihr natürlicher Sinn für Systematiken und Ihre Ordnungsliebe zugute, andererseits Ihr sicherer Blick für die effizienteste aller möglichen Vorgehensweisen. Ein strukturiertes Arbeiten, das rasch sichtbare Ergebnisse zeitigt, bevorzugen Sie vor abstrakten, langwierigen Prozessen. Routine ist für Sie kein Problem, solange sie der Effizienz dient. Unvorhergesehenes und Unberechenbares dagegen, das Ihre sorgfältige Planung durcheinanderbringt, mögen Sie gar nicht. Engagieren Sie sich für eine Sache, dann mit Hingabe.

Sie setzen sich mit Konflikten auseinander und suchen nach konstruktiven Lösungen. Für die Fehler und Unzulänglichkeiten anderer haben Sie ein scharfes Auge. Mit Kritik sind Sie oft schnell und direkt bei der Hand. Sie ecken deshalb gelegentlich an, vor allem dann, wenn Ihr *extrovertiertes* Temperament mit Ihnen durchgeht und Sie voreilige Schlüsse ziehen. Aufgrund Ihres ausgeprägten Sinns für Gerechtigkeit sind Sie jedoch im Zweifel schnell bereit, sich zu korrigieren. Sie selbst nehmen ein offenes Wort Ihres Gegenübers ohnehin nie krumm. Sie sind einer der Typen, die am besten mit negativem Feedback und zwischenmenschlichen Spannungen umgehen. Bei Ihnen weiß man immer, woran man ist. Oft finden sich Menschen Ihres Persönlichkeitstyps in Führungspositionen wieder, da sie Engagement, Kompetenz und Durchsetzungsvermögen in sich vereinen. In Ihrer Freizeit sind Sie in Vereinen aktiv und übernehmen auch hier wie automatisch Verpflichtung und Verantwortung.

Traditionen, Familie und Freunde haben für Sie einen hohen Stellenwert. Sie sind sehr gesellig und gern bei jedem Fest dabei. Ihre Beziehungen nehmen Sie sehr ernst und investieren viel in sie. In der Liebe suchen Sie vor allem Stabilität. Untreue oder Flatterhaftigkeit verletzen Sie mehr als viele andere Typen. Dennoch sind Sie zu nüchtern und klug, um zu erwarten, dass der Himmel in langfristigen Beziehungen ständig voller Geigen hängt. Sie wissen, dass echte Partnerschaft «in guten und in schlechten Tagen» bedeutet, und dazu stehen Sie auch. Krisen oder schwierigere Phasen in der Liebe meistern Sie deshalb souverän mit viel Gelassenheit.

Ihre ganz persönlichen Glückstipps …

… zum Thema Liebe und Freundschaft:
Sie haben zu den meisten Dingen eine feste Meinung, von der Sie nicht leicht abzubringen sind. Eigentlich ein Zeichen von Charakterstärke, das leider manchmal in Richtung Bevormundung Ihrer Mitmenschen kippt. Sie tendieren dann dazu, anderen Ihre Sicht aufzudrängen. Versuchen Sie, sich im Sinne

glücklicher Beziehungen daran zu erinnern, dass viele Wege nach Rom führen und sogar Umwege reizvoll sein können – durch sie lernen Sie die Landschaft besser kennen!

Nicht alle Typen können mit Ihrer direkten Art gleich gut umgehen. Vor allem bei denjenigen mit stark ausgeprägter *fühlender* Präferenz kommt sie mitunter als kurz angebunden, ruppig oder schlimmstenfalls verletzend an. Mehr Geduld und Aufgeschlossenheit im Umgang mit anderen kann Ihrer Glücksbilanz nur guttun. Achten Sie darauf, Ihre Worte vorsichtiger zu wählen. «Fortiter in re, suaviter in modo» – «Energisch in der Sache, sanft in der Vorgehensweise», heißt die Devise, die Ihnen das Zusammenleben mit sensiblen Gemütern sehr vereinfachen wird. Schauen Sie sich im Denker-Kapitel auf Seite 40 die Übung «Trainieren Sie Ihre Empathiefähigkeit!» an. Sie schadet Ihnen sicher nicht!

... zum Thema Ausbildung und Beruf:

Ihre Entscheidungsfreude ist eine Ihrer großen Stärken. Für Sie ist es kein Problem, die Gegebenheiten rasch zu erfassen, die notwendigen Informationen zusammenzutragen, sie einer kritischen und rationalen Analyse zu unterziehen und kühl und sachlich Ihre Schlüsse daraus zu ziehen. Ab und zu schießen Sie aber übers Ziel hinaus, weil Sie es so eilig haben, die Dinge zum Abschluss zu bringen. Dann übersehen Sie unter Umständen etwas Wichtiges. Bremsen Sie sich hier wenigstens dann, wenn es um schwerwiegendere Dinge geht. Endlose (Team-)Diskussionen können Sie rasch auf die Palme treiben. Sie möchten schnelle Resultate erzielen und hassen es, wenn Dinge in der Schwebe sind. Sehr flache und demokratische Hierarchien sind daher eher eine Belastung für Sie, da sie solche Prozesse ins Endlose verzögern können. In «klassischen» Institutionen mit klarer Kompetenz- und Aufgabenverteilung sind Sie glücklicher. Ist eine solche in Ihrem beruflichen Umfeld nicht gegeben, prüfen Sie, ob sich das eventuell ändern lässt.

Für Ihre berufliche Zufriedenheit ist es besonders wichtig, dass Sie mit eindeutigen Zielvorgaben und Bewertungskriterien an eine Sache herangehen können. Sie wollen wissen, woran Sie sind, woran Sie gemessen werden und was es zu erreichen gilt. Deshalb sind Transparenz und ein regelmäßiges, gut organisiertes Reporting-System für Ihr Glück zentral. Achten Sie bei der Jobwahl darauf und fordern Sie Feedback ein. Ohne werden Sie auf Dauer nervös und unzufrieden.

… zum Thema Entspannung und Freizeit:

Sie sind ein sehr energiegeladener Typus, weshalb Sport ein Muss für Sie darstellt. Nach Lust und Laune zu trainieren, wie es sich gerade ergibt, befriedigt Sie nicht. Sie wollen einen Haken an ein vorgesehenes und absolviertes Programm machen können. Suchen Sie sich Sportmöglichkeiten, bei denen es eindeutig messbare Ergebnisse gibt, die Sie für sich protokollieren können. Erreichte und dokumentierte Ziele sind für Sie die beste Motivation zum Weitermachen.

In der Gesellschaft anderer fühlen Sie sich am wohlsten. Nutzen Sie diesen Mechanismus und wählen Sie eine Mannschaftssportart oder werden Sie Mitglied in einem Verein. So macht Ihnen Sport gleich doppelt so viel Spaß.

Im Prinzip wissen Sie, dass Sie selbst für einen guten Arbeit-Freizeit-Ausgleich sorgen müssen. Sie wissen ebenfalls, dass Sie auf Ihre Gesundheit achten müssen, weil es sonst niemand für Sie tut. Normalerweise bekommen Sie das gut hin, sodass Sie hier auf der Glücksskala einen Vorsprung vor vielen anderen Typen haben. Prüfen Sie jedoch regelmäßig, ob die Balance stimmt, oder ob vor lauter Pflicht zu wenig Zeit für die Leichtigkeit des Seins bleibt.

Glückstyp Gutmütiger Realist

Energiedimension:	**introvertiert**
Entscheidungsdimension:	**fühlend**

Gutmütige Realisten wie Sie sind äußerst warmherzige und hilfsbereite Menschen, die Gewissenhaftigkeit in Person und mit einem sehr ausgeprägten organisatorischen Talent gesegnet. In Ihrem Beruf sind Sie ein sehr zuverlässiges Arbeitstier. Ihnen ist keine Mühe zu viel, wenn es darum geht, ein Projekt pünktlich und perfekt zu Ende zu bringen. Ihre Gründlichkeit und Ihr an Aufopferungsbereitschaft grenzendes Pflichtbewusstsein sind Ihre größten Stärken und machen Sie an Ihrem Arbeitsplatz unentbehrlich.

Für Menschen wie Sie hat die Familie in der Regel den höchsten Stellenwert. Rücksichtslose Karrieristen, welche die traute Häuslichkeit auf dem Altar ihres beruflichen Erfolgs opfern, sucht man unter Ihrem Persönlichkeitstyp vergebens. Ihr größtes Glück ist es, für andere Menschen zu sorgen. Es fällt Ihnen leicht, sich in diese hineinzuversetzen und deren Bedürfnisse zu erspüren. Ob privat oder beruflich, Sie möchten sich nie in den Vordergrund spielen. Sie erledigen Ihre Aufgaben lieber außerhalb des Rampenlichts. Das hat viel mit Ihrer angeborenen Bescheidenheit zu tun, aber fast noch mehr mit Ihrem zurückhaltenden, auf andere oft schüchtern wirkenden Wesen. Sie müssen sich beinahe zwingen, Ihr Licht anderswo als unter dem Scheffel abzustellen. Ihr Perfektionismus und Ihre Abneigung, Aufgaben zu delegieren, führen außerdem dazu, dass Sie sich beruflich und privat oft viel zu viel aufladen (lassen).

Im Umgang mit anderen sind Sie rücksichtsvoll und zuvorkommend. Für Ihre Familie und Freunde stellen Sie jederzeit gern Ihre eigenen Bedürfnisse zurück. Geht es Ihren Lieben gut, geht es auch Ihnen gut – so einfach ist die Gleichung für Sie. Mit Ihrem feinen Gespür wissen Sie meist noch vor den Ihnen Nahestehenden selbst, was sich diese gerade wünschen, wie es ihnen geht oder was sie brauchen. Ihr Zuhause ist sehr gepflegt, gemütlich und ordentlich. Missstimmungen ertragen Sie nur schwer, Konflikte machen Sie unglücklich. Sie zählen zu den harmoniesüchtigen Typen. Deshalb bringen Sie es kaum über sich, sich gegen andere zur Wehr zu setzen und energisch nein zu sagen.

An eine neue Beziehung gehen Sie sehr zurückhaltend heran. Sich Hals über Kopf zu verlieben entspricht nun mal nicht Ihrem Naturell. Hat man Sie aber einmal als Partner gewonnen, hat man sich in Liebesdingen auf eine feste Burg zurückgezogen. Untreue oder Illoyalität sind für Sie Fremdwörter. Eine Beziehung bedeutet für Sie lebenslange Verpflichtung, die Sie nicht leichtfertig eingehen. Von Ihrem Partner wünschen Sie sich nichts mehr als Stabilität und Zuverlässigkeit. Flüchtige Liebesabenteuer sind nichts für Sie; Flatterhaftigkeit und Unbeständigkeit kennen Sie nicht. Sie suchen den Partner fürs Leben und möchten Verbundenheit, «bis dass der Tod euch scheidet».

Ihre ganz persönlichen Glückstipps …

… zum Thema Liebe und Freundschaft:

Selbst eine Beziehung zu beenden, ist für Sie ungeheuer schwierig. Wenn es darum geht, sich auf Neues einzulassen, sind Sie einer der zögerlichsten Typen. Lieber halten Sie sich an das Bekannte und Altvertraute, selbst wenn es Ihnen nicht das gibt, was Sie für Ihr Glück benötigen. Das gilt nicht nur für Liebes- und Freundschaftsangelegenheiten. So besteht die Gefahr, dass Sie in unbefriedigenden oder ausbeuterischen Beziehungen zu lange verharren. Wenn Sie sich früher zu einem klaren Schnitt durchringen können, bringt Ihnen das in Sachen Glück viele Pluspunkte ein!

Ihr Partner oder Freund kann lange darauf warten, dass Sie einen klaren Anspruch an andere formulieren und auch dann durchsetzen, wenn Sie auf Widerstand stoßen. An den Falschen geraten, kann das problematisch werden und darin enden, dass Sie sich bis weit über Ihre Grenzen hinaus ausnutzen lassen und ausgepowert und tief gekränkt zurückbleiben. Leider sind Sie durch Ihre zurückhaltende und bescheidene Art dafür prädestiniert, dass Sie und Ihre enorme Fürsorge irgendwann als selbstverständlich betrachtet werden. Das macht Sie sehr unglücklich. Speziell wenn Sie es mit einem Menschen mit ausgeprägter *logischer* Präferenz zu tun haben, geraten Sie schnell unter die Räder. Denn während es diesem leicht fällt, Kritik und Forderungen zu äußern, kommt das Wörtchen «nein» in Ihrem Sprachschatz nicht vor. Werfen Sie einen Blick ins Idealisten-Kapitel: Auf Seite 90 finden Sie eine Übung zum Thema Durchsetzungsvermögen, die auch für Sie geeignet ist. Denken Sie über ein Seminar zum Thema Selbstbehauptung nach.

... zum Thema Ausbildung und Beruf:

Sie gehören zu den Persönlichkeitstypen, die am stärksten Burnout-gefährdet sind. Die Mischung aus Perfektionismus, der Neigung zur Selbstüberforderung und der zu wenig ausgeprägten Abgrenzungsfähigkeit kann für Sie im wahrsten Sinne des Wortes brandgefährlich werden. Bitte achten Sie sehr sorgfältig auf Warnsignale und suchen Sie sich gegebenenfalls professionelle Unterstützung. Zum Thema Burnout gibt es sehr gute Präventionsprogramme. Erkundigen Sie sich hiernach bei Ihrer Krankenkasse.

Gründlichkeit und Genauigkeit gehören zu Ihren größten Stärken. Im Beruf werden diese für Sie gelegentlich allerdings zur Achillesferse: Wenn es nach Ihnen ginge, fänden Sie an all Ihren bisherigen Tätigkeiten Verbesserungsmöglichkeiten. Hätten Sie die Wahl, würden Sie daher manchmal bis zum Jüngsten Tag an unwichtigen Details eines Projekts feilen. Nehmen Sie Ihren Perfektionismus gezielt an die Leine, indem Sie sich klare zeitliche Vorgaben setzen, bis wann Sie mit der Arbeit fertig sein wollen. Blättern Sie zurück auf Seite 68. Im Denker-Kapitel ist der Abschnitt über das Pareto-Prinzip für Sie wichtig.

... zum Thema Entspannung und Freizeit:

Nehmen Sie sich Zeit, um herauszufinden, welche Sportarten Ihnen Spaß machen könnten. Lassen Sie sich nicht von Ihrer Freundin zum Joggen überreden, obwohl Sie viel lieber Rad fahren oder schwimmen gehen würden. Hier ist ein bisschen Egoismus angebracht!

Nutzen Sie Ihre Naturverbundenheit als Motivationshilfe für den Sport: unter freiem Himmel radeln, schwimmen, trekken, wandern, walken, joggen oder einfach nur zügig spazieren gehen, kommt Ihnen viel mehr entgegen, als etwa ein Abo in einem Fitness-Studio. Bei diesen Aktivitäten können Sie Ihren Gedanken gut nachhängen und Ihre Batterien aufladen. Außerdem bilden sie ein wichtiges Gegengewicht zu Ihrem sonstigen Stubenhockertum.

Da Sie Ärger und Enttäuschungen beruflich wie privat in sich hineinfressen, neigen Sie eher als viele andere Typen dazu, mit psychosomatischen Beschwerden oder Muskelverspannungen zu reagieren. Versuchen Sie hier, gezielt gegenzusteuern. Progressive Muskelentspannung nach Jacobson, Yoga und Ausdauersport zum Beispiel werden Ihnen und Ihrer Glücksbilanz sehr guttun. Gönnen Sie sich auch ab und zu eine Wohlfühl-Massage.

Glückstyp Verlässlicher Realist

Energiedimension:	**introvertiert**
Entscheidungsdimension:	**logisch**

Verlässliche Realisten wie Sie sind die bodenständigsten und verantwortungsbewusstesten Persönlichkeitstypen überhaupt. Sie sind präzise, zurückhaltend und anspruchsvoll. «Zuverlässigkeit» ist Ihr zweiter Vorname. Haben Sie jemandem ein Versprechen gegeben, setzen Sie Himmel und Hölle in Bewegung, um es einzuhalten. Sie gehören zu den ehrlichsten und – im positiven Sinn! – berechenbarsten aller Typen. Bei Ihnen weiß man immer, dass Sie genau das meinen, was Sie sagen, und dazu stehen. Im Alltag wirken Sie auf andere ruhig und ernst. Sie reden nicht viel, sind aber ein sehr guter Zuhörer. Außenstehende, die Sie nicht gut kennen, halten Sie manchmal für reserviert und kühl, obwohl Sie in Wirklichkeit über viel Witz und Esprit verfügen. Diese lassen Sie aber nur selten und nur im Kreis vertrauter Personen durchblitzen, denn Sie stehen sehr ungern im Mittelpunkt und halten sich generell lieber im Hintergrund.

Ihre Stärken sind Gründlichkeit, ein ausgeprägter Gerechtigkeitssinn, eine an Starrsinn grenzende Beharrlichkeit und eine pragmatische, zupackende Art. Sie fackeln nicht lange, wenn etwas zu erledigen ist, sondern tun es, ohne viele Worte darüber zu verlieren. Menschen Ihres Persönlichkeitstyps erwarten viel von sich, aber auch von anderen. Nur ungern überlassen Sie Dinge dem Zufall. Planung bedeutet für Sie Sicherheit; ebenso wie Ordnung und Disziplin. Ein gewisses Gleichmaß und Berechenbarkeit in allen Lebensbereichen sind deshalb wichtige Bestandteile Ihres Glücks. In Sachen Flexibilität und Anpassungsvermögen sind Sie weniger gut ausgestattet worden. Unvorhergesehenes und Neues flößen Ihnen Misstrauen ein. Autoritäten und Hierarchien respektieren Sie ohne Probleme. Aufgaben delegieren Sie nur ungern weiter, weil Sie insgeheim immer sicher sind, dass andere sie nicht so gewissenhaft erledigen werden, wie Sie selbst. In Führungspositionen sind Sie sehr aufgabenorientiert. Für Zwischenmenschliches innerhalb des Betriebs haben Sie kein großes Interesse.

Als Partner und Freund sind Sie treu und beständig, ausgeglichen und vernünftig – der sprichwörtliche Fels in der Brandung. Sicherheit und Stabilität sind Ihnen auch hier sehr wichtig. Für romantische Extravaganzen und Flatterhaftigkeit haben Sie weniger übrig als alle anderen Persönlichkeitstypen. Wer Sie als Freund oder Partner gewinnt, kann sich ein Leben lang auf Sie verlassen. Allerdings dauert es eine ganze Weile, bis Sie bereit sind, eine Beziehung oder eine Freundschaft einzugehen. Da Ihr Bedürfnis nach Sozialkontakten gering ist, sind Sie wählerisch und beschränken sich auf einen kleinen exklusiven Kreis. Sie sind der konservativste aller Typen. Am glücklichsten werden Sie deshalb wahrscheinlich in einer Beziehung mit «traditioneller» Rollenverteilung sein.

Ihre ganz persönlichen Glückstipps …

… zum Thema Liebe und Freundschaft:
Unermüdlich sind Sie damit beschäftigt, ein gemütliches Nest für Sie und Ihren Partner zu schaffen und zu sichern. Gelegentlich passiert es Ihnen vor lauter Arbeitseifer und Verantwortungsbewusstsein allerdings, dass Sie zu wenig Zeit und Energie für gemeinsames Genießen und Zärtlichkeit übrig haben. Vor lauter Pflichterfüllung und Vernunft kommt bei Ihnen das Thema Sexualität und Sinnlichkeit mitunter zu kurz. Im Übrigen haben Sie eine leichte Tendenz, auch im Bett Ihrer einmal festgelegten Routine zu folgen, und tun sich besonders schwer zu experimentieren. Schade, damit lassen Sie sich viel entgehen! Versuchen Sie, zumindest ein wenig mehr Leichtigkeit und Spielfreude in Ihren Beziehungsalltag zu lassen. Das wird Ihrer Partnerschaft und Ihrer Glücksbilanz gut bekommen! Wenn Sie ganz mutig sind: Im Macher-Kapitel finden Sie auf Seite 122 die Übung «Himbeereis zum Frühstück», die genau das Richtige für Sie ist. Sie teilen Kritik nicht nur gern aus, Sie können sie auch prima einstecken.

Schließen Sie von Ihrer eigenen Kritikfähigkeit jedoch bitte nicht automatisch auf die anderer. Viele Menschen mit *fühlender* Präferenz sind sehr viel dünnhäutiger als Sie und schnell tief gekränkt. Ganz schlecht kommt bei Ihrem Partner Ihr vermutlicher Lieblingssatz in hitzigen Diskussionen an: «Jetzt werde doch nicht gleich wieder hysterisch!» Sparen Sie sich im Sinne einer glücklichen Beziehung solche und vergleichbare Reaktionen und nehmen Sie Ihren Partner *gerade* dann, wenn er in Ihren Augen anfängt «auszuticken», lieber in den Arm. Sie werden vom Effekt überrascht sein! Ebenfalls nützlich für Sie: die Übung «Trainieren Sie Ihre Empathiefähigkeit!» auf Seite 40.

... zum Thema Ausbildung und Beruf:

Sie neigen beruflich wie privat dazu, sich in Details zu verbeißen. Das macht Sie zwar einerseits zu einem geschätzten gewissenhaften Mitarbeiter, andererseits geht Ihnen dabei manchmal der Blick für das große Ganze verloren. Versuchen Sie, über den Tellerrand hinauszuschauen! Oft genügt schon ein Wechsel der Blickrichtung.

Ihre Tendenz, sich auf das zu konzentrieren, was *nicht* funktioniert, macht Sie zum weltbesten Qualitätsmanager und Revisor. Sie sorgt allerdings gleichzeitig oft dafür, dass Sie übersehen, was Sie alles schon geleistet und gut gemacht haben. Es käme Ihrer Glücksbilanz zugute, wenn Sie regelmäßig eine schriftliche (!) Inventur vornehmen würden: Welche Erfolge konnten Sie in letzter Zeit für sich verbuchen? Worauf waren Sie stolz? Was ist Ihnen besonders gut gelungen? Die Übung «Sonnentagebuch» auf Seite 156 ist für Sie besonders wichtig!

Da Sie hinsichtlich Neuem zögerlich reagieren, entgehen Ihnen oft schöne Erfahrungen. Sie übersehen interessante berufliche Alternativen oder trauen sich nicht, diese in Angriff zu nehmen, weil Ihnen die Sicherheit des vertrauten Terrains lieber ist. Schade, denn damit bleiben Sie oft unter Ihren Möglichkeiten! Wagen Sie hier und da kleine Schritte auf Neuland. Ihre Glücksbilanz dankt es Ihnen!

... zum Thema Entspannung und Freizeit:
Alles, was Ihre *praktische* Präferenz anspricht, entspannt Sie besonders gut. Ob Sie gern kochen, im Garten arbeiten, sich handwerklich betätigen oder wandern gehen, spielt dabei keine Rolle. Achten Sie nur darauf, dass Sie zwischendurch genügend Zeit und Ruhe für sich allein bekommen, damit Sie sich erholen können. Zu viel Gesellschaft und Sozialkontakte sind für Sie eher anstrengend und hindern Sie daran, Ihre Batterien richtig aufzuladen. Sie brauchen Ihre Inselmomente zum Glücklichsein.

Ihre Abneigung Neuem gegenüber steht Ihnen auch in Ihrer Freizeit manchmal im Weg. Sie müssen nicht gleich ein Trendsetter für neue Sportarten und Hobbys werden. Aber vielleicht könnten Sie sich ab und zu von Ihrer Lieblingsdevise – «So hab ich es immer gemacht, so mach ich es bis ans Ende aller Tage!» – trennen und etwas ganz Neues, Ungewöhnliches ausprobieren. Das Glücks- und Belohnungssystem in Ihrem Gehirn lechzt geradezu nach neuen Reizen. Das Risiko ist doch gerade in der Freizeit überschaubar! Schon gelegentlich ein neues Restaurant auszuprobieren, statt immer zu Ihrem Lieblingsitaliener zu gehen, wäre hier ein Fortschritt.

Schluss

Nun, haben Sie sich in der Beschreibung Ihres Persönlichkeitstyps erkannt? Ich hoffe, die Tipps und Anregungen zum Thema Glück speziell für Ihren Typus konnten Sie inspirieren. Jetzt ist es an Ihnen, sie in Ihrem Alltag umzusetzen und dadurch hoffentlich ein gutes Stück glücklicher und zufriedener zu werden.

Zumindest zu Beginn erfordert dies mit Sicherheit einen gewissen Aufwand an Energie und Arbeit. Schließlich müssen Sie dazu teilweise mit langjährigen Gewohnheiten brechen und an deren Stelle neue Denk- und Verhaltensweisen etablieren. Das ist nicht immer leicht – wird aber im Laufe der Zeit immer einfacher werden. Je häufiger Sie das neu Gelernte umsetzen, desto stärker wird es seinerseits zu einer Gewohnheit und nach sechs bis acht Wochen wird es Ihnen völlig selbstverständlich geworden sein. So wird es Ihnen nach zwei Monate völlig normal vorkommen, beispielsweise Ihre tägliche Meditation oder Ihre Achtsamkeitsübung durchzuführen. Sie werden Ihre Prioritäten anders setzen, Ihre sozialen Beziehungen mit anderen Augen betrachten oder sich regelmäßig Zeit für sich selbst nehmen. Wenn Sie ein Instrument spielen, dann kennen Sie diesen Weg: von den ersten unsicheren Anschlägen bei einem neuen Stück bis hin zu dem Moment, in dem die Läufe und Akkorde scheinbar mühelos aus Ihren Fingern zu perlen scheinen. Diese Leichtigkeit erfordert nur ein bisschen Geduld und die Bereitschaft zum Üben. Insofern hatte der Dalai Lama vollkommen Recht, als er sagte: *«Die eigentliche Geheimnisse auf dem Weg zum Glück sind Entschlossenheit, Anstrengung und Zeit.»*

Ich wünsche Ihnen genau diese Entschlossenheit und alles Gute auf Ihrem ganz persönlichen Weg zum Glück!

Ihre Felicitas Heyne

Sie möchten mehr über Ihren Persönlichkeitstyp erfahren?

Ihr Glücksfitness-Typ basiert auf dem bewährten iPersonic-Persönlichkeitssystem der Psychologin Felicitas Heyne. Mehr als drei Millionen Menschen weltweit haben den iPersonic-Persönlichkeitstest bisher gemacht. Die maßgeschneiderten iPersonic-Ratgeber helfen Menschen in über 40 Ländern schon heute, ihr Leben besser auf ihren Persönlichkeitstyp auszurichten.

Wer mehr über sich weiß, kann dieses Wissen nutzen, um glücklicher und erfolgreicher zu leben, seine Potenziale optimal auszuschöpfen, seine persönliche Entwicklung voranzutreiben und mit kritischen Aspekten besser umzugehen. Das ist die Idee, die hinter den iPersonic-Ratgebern steht.

Im Internet finden Sie unter der Adresse www.ipersonic.de weitere Informationen und Inhalte zu Ihrem Persönlichkeitstyp. Hier können Sie über Downloads zu Themen wie Partnerschaft und Beruf das Wissen über Ihre Persönlichkeit vertiefen.

Weitere Informationen: www.ipersonic.de

Mehr über die Glücksfitness-Methode, aktuelle Informationen und weiterführende Übungen dazu finden Sie unter www.gluecksfitness.de